石川勇一
相模女子大学教授
臨床心理士・公認心理師・行者

心を救うことはできるのか

新装版

心理学・スピリチュアリティ・原始仏教からの探求

サンガ新社

ブックデザイン／堀渕伸治◎tee graphics
ＤＴＰ／鰹谷英利

新装版 まえがき

二〇一九年二月に株式会社サンガより上梓された本書が、四年半の歳月を経て、新装版として復刊されることになりました。書籍の生まれ変わりは喜ばしいことであり、再生してくださるサンガ新社に感謝申し上げます。

本書の基本テーマは、心理学、スピリチュアリティ、原始仏教という三領域を展望し、相互に比較し、心の苦しみを救う方法はあるのかという根源的な探究です。この三領域は、どの一領域だけでも十分広く深く多様であるため、三領域を比較検討するという俯瞰的、領域横断的な試みは現在でも他には見られないように思われます。私は、三領域のエッセンスを統合したダンマ・セラピーの臨床・教育・修行を独自に実践していますが、発刊から五年近く経った現在も、本書で導かれた結論に誤りはないと感じています。むしろ実践を重ねることによって確信が深まっています。

読者の方々や、私が開催するリトリート、瞑想会、講座、講演、個人セッション等を受けられた方の中には、ダンマ・セラピーの意義や威力を深く実感したり、ご理解いただいた方もおり、さらに多くの方に伝わればと願っています。心理学やスピリチュアリティには対症療法として実践的に有用なものがあること、原始仏教のダンマには苦しみを根治するための普遍的な真理があること、これらの利点を統合し、欠点を補完し合うことによって、究極の成長に至るまでのフルスペクトルの段階をカバーする対人援助、教育、修行が可能になります。三分野を適切に束ねて活用できれば、一分野では不可能だったことが可能になり、覚りに通じる正しい道を生きられるようになります。このような真に優れた利点とその根拠を、多くの方々に本書を通じて知っていただき、深慮の上で納得され、人生やお仕事や修行に実際に役立てていただければ、著者としてこよなき幸せです。読者諸賢に覚りの智慧が現れますように。

合掌

二〇二三年九月一日法喜楽堂にて（山中湖村）

石川勇一

はじめに

　私たち日本人は今、とても便利で豊かな社会に生きていますが、心はかなり危機的な状況にあります。ほとんどの人は、生きていくのに困ることのない食べ物、着る服、住む家をもち、学ぶ場所や働く場所をもち、端末を通して膨大な情報にアクセスすることができます。百年前の人が見たならば、天国のようだと羨むような環境に私たちは暮らしているのです。しかし、それは物理的な環境に限ったことであり、私たちの心の悩みや苦しみは、依然としてなくなってはいないのが現実です。なくなっていないどころか、心理的な問題は増大し、深刻化していることを示す次のようなデータもあります。

　一九九九年に精神疾患で医療機関にかかった患者総数は、およそ二〇四万人でしたが、二〇一四年にはおよそ三九二万人にのぼり、一五年間で二倍近くに増加しました（厚生労働省の患者調査による）。これは、国民のおよそ三二人に一人が一年の間に精神疾患のために病院で治療を受けたという驚くべき数字です。

実際には、治療を受けていなくても、心の悩みや苦しみを抱えている人は非常にたくさんいますので、今日は心の病やストレスが非常に広く蔓延している時代といっても過言ではないでしょう。

わが国は名目GDP世界第三位の経済大国ですが、国連が二〇一八年に発表した世界幸福度ランキングでは、日本は一五六カ国中五四位でした。経済協力開発機構（OECD）による二〇一六年の世界自殺率ランキングでは、日本はワースト六位で、近年改善の兆しがみられるものの、依然として自殺大国であることに変わりありません。経済力や便利さと幸福度は比例せず、経済やテクノロジーがどれだけ進化しても、心の苦しみはなくならないということが、データを通してもいよいよ明白になってきています。外的な環境を整備するだけでは、心の内面まで平和になることはないのです。

心の問題の深刻さは、精神疾患の数や、幸福度や自殺率以外にも各所に見出すことができます。たとえば、毎年のように繰り返される企業の不祥事は、目を覆うばかりです。特に、鉄鋼、自動車、製薬、電器、建築、食品関連産業など、日本経済の屋台骨をなす代表的な大企業で次々と偽装やデータ改ざんが発覚しています。これらの業界は、いずれも人命に関わるマテリアルを供給していますので、日本の経済的エリートは、命よりも利権が大切だと思っている人が非常に多いということを意味しています。政治家の不正はもう当たり前の感がありますが、優秀といわれていた官僚も、名だたる省庁で記録の改ざんや隠蔽などの不正行為が次々と明るみになっています。この国の高学歴エリートたちも、「嘘をついてはいけない」という小学校で学ぶべき道徳が身についてはいないのです。

日本という国は、少子高齢化、社会保障、安全保障、財政問題など、未来へ向けて困難な問題を多数抱えていますが、若者の多くはそれに無関心です。SNS、アニメ、流行りの音楽などの娯楽には詳しくても、習近平や金正恩が誰かを知らない若者はたくさんいます。それでいて、「マスゴミはフェイクばかり」などと平気で評論します。身近な人の眼は神経質に気にしますが、それ以外の他者や、社会全体の動きには無関心で、公共心が希薄になり、それぞれが好む分野で快楽に没頭するという烏合の衆のような社会に変化してきているように思います。

このようなもろもろの現象を目の当たりにすると、個々に素晴らしい人はたくさんいるのですが、全体としては、日本人の心はかなり劣化してきているように思うのです。わが国は文明の衰退期に突入しているのかもしれません。

このように、私たちの心は危機的な状況と思われますが、しかしより大きな視点に立って見るならば、それは現代の日本に限られたことではありません。心が不安定であり、たくさんの苦しみを抱えているという心の現実は、時代や国によって多少の差異や変動はありますが、人間にとって普遍的なことなのです。心はつねに揺れ動き、統制しがたく、頼りない代物です。社会的な生き物である人間は、仲間を求めたり、承認、愛情、尊重、名誉などを渇望しますが、なかなか思い通りにはいかないものです。こうした心の苦しみを紛らわせるために、さまざまなレクリエーションや快楽によって気晴らしをしますが、それはあくまでも一時的なものに過ぎません。さまざまな夢や願望を心に抱き、希望に胸を膨らませることもありますが、かなえられる願望や夢はほんの一部に過ぎません。仮に夢が実現したとしても、ずっと満足感を持ち続けることはできず、時間と共に色あせていきます。さらにいえば、生命は基本的に皆、病や死を忌み嫌い、恐れますが、それを避けることはできません。心をもつ生命は、決して苦しみから逃れられないという厳しい宿命を背負っているのです。まずは、このような現実を直視することが、心の苦しみを根本的に解決するための出発点にならなければなりません。

それでは、あらゆる生命が苦しみを背負っているのだとしたら、どのようにしたら苦しみを取り除き、幸福を得られるのでしょうか。それを知るためには、心を探究し、心を調える方法を知り、宇宙の法則を理解することが必要です。心は物理的、生理的、社会的、経済的な環境要因の影響を受けますが、最終的には心をよく知り、心を変えることが必要不可欠です。根本的には、苦しみは自分の心がつくり出しているからです。

本書では、心理学、スピリチュアリティ、原始仏教の三領域に焦点を当てて、心が救われる方法があるのかどうかを調べてみたいと思います。この三領域は、いずれも心にアプローチし、心を探求し、心の苦しみや問題の解決、心の成長を主題としているという点において共通しています。本当に心の問題や苦しみを解決することができるのか、できるとしたら、三つのうちどれがその力を持っているのでしょうか。さらに、この三つの領域がそれぞれなにを明らかにし、なにを可能にするものなのか、あるいはなにが明らかでなく、なにが可能でないのかについて探ってみたいと思います。そして、この三つを互いに比較して、違いを明らかにしながら、それぞれの可能性と限界を探ってみようと思います。

本書では、私の実践に基づいた経験的なエピソードも折に触れて述べていきたいと思います。机上の理論やデータと、実際の人間の心のありようは、必ずしも一致しないことが多々あるからです。ですので、本書では学術的・理論的な検討に加えて、私なりの経験と観察を通して見えてきたことをお伝えしたいと思います。

心理学、スピリチュアリティ、原始仏教の三つの分野に精通している人というのは滅多にいないと思いますので、どのような立場の方が本書を読まれても、新たな発見をされるのではないかと思います。本書を契機として、心を救う方法を見出して、その道を実際に歩み、苦しみを減らしてく方が一人でも現れれば、筆者にとってなによりも喜ばしいことです。

本書のテーマを探究する道のりには、多くの先生、師匠、指導者、両親、行者、友人、同僚、心理療法のクライエント、ワークショップ等の受講生、学生など、多くの人々とのご縁から多大な恩恵を受け取りました。すべての方々に心より感謝の意を捧げたいと思います。そして、大変熱心に本書の編集をしてくださった株式会社サンガの川島栄作さんに心より御礼を申し上げます。ご縁をいただいたこれらすべての方々が幸せでありますように。

二〇一九年一月三日　富士山を臨む山中湖村の自宅にて

石川勇一

心を救うことはできるのか［新装版］　心理学・スピリチュアリティ・原始仏教からの探求

目次

第1章

心理学

脱フラットランド心理学の豊かな世界

（1）心理学とはなにか

心の探究の歴史は途方もなく古くからあったに違いありません。古今東西のさまざまな宗教、哲学、文学などにおいて、人間の心が探究され、さまざまな方法で表現されてきました。いわゆる心理学と呼ばれる学問が誕生したのは、ずっと最近の一九世紀後半の近代西洋です。一般的には、ドイツのヴィルヘルム・ヴント（一八三二〜一九二〇）や、アメリカのウィリアム・ジェームズ（一八四二〜一九一〇）が、大学に心理学の研究室を開設したことをもって、心理学が誕生したと見なすことが多いようです。

心理学とはサイコロジー（psychology）の翻訳語です。その語源は、ギリシア語のプシュケー（psyche：霊、魂、心）と、ロゴス（logos：論理、法則、言語）を組み合わせた造語です。つまり心理学の元々の意味は、「心、魂、霊の法則や論理を探求する学問」ということになります。

心理学が学問として誕生した後、研究の対象や方法などによって次々と細分化されていきました。プシュケーとはなにか、心とはなにかという根本的な難問は十分には検討されないままに、心の働きとしての思考、感情、記憶、知覚、認知などのメカニズムが研究されていきました。その結果、現在では、代表的なものだけでも、実験心理学、知覚心理学、認知心理学、学習心理学、言語心理学、感情心理学、人格心理学、行動心理学、生理心理学、発達心理学、社会心理学、組織心理学、教育心理学、福祉心理学、犯罪心理学、健康心理学、宗教心理学、臨床心理学、等々の下位領域があります。さらにそれぞれがより細かく分化していますので、現在日本国内には、心理学関連の学会が百以上も存在しているのです。

（２）心の悩みをもつひとに向き合う臨床心理学

このような多数の心理学のなかで、心の救いという問題にもっとも接近しているのは臨床心理学です。臨床心理学は、心の病や問題を理解し、そのような心の苦しみを抱える人々をどのように援助したらよいのかを探求する分野です。臨床心理学は、心理カウンセラーとか臨床心理士など、心の悩みや問題を抱える人たちに直接接して、援助する専門家が中心となって研究している実践的な領域です。臨床心理学に関わる分野では、三〇を超える学会・協会があり、多くの専門家が研究活動をしています。そのなかのひとつである日本心理臨床学会は、臨床心理学の専門的な素養のある人しか入会できないにもかかわらず、心理学界のなかで最大の規模で、二万九七五〇名・社もの会員がいます（二〇一八年）。

これは、心理学全体を統括する学術団体である日本心理学会の会員数七八五五名（二〇一八年）を大きく上回って（およそ三・七七倍）いますので、心理学界のなかで臨床心理学の専門家の人数が圧倒的に多いということが分かります。

専門書が置いてあるような大規模な書店に行き、心理学のコーナーに行くと、そのコーナーのおよそ八割くらいは臨床心理学関連の書籍だと思います。それは、心の問題を直接扱う分野なので、それに関わる専門家が多いだけではなく、関心をもつ一般の方々も非常に多いことを示しています。そのため、一般の方向けの臨床心理学の講座、講演、ワークショップも各所で多数開かれています。

本書のように、心の苦しみを取り除く方法を探究しようとする場合には、臨床心理学は心の病の理解や、その治療法である心理療法を主題としていますから、心理学のなかでも、もっとも重要な心理学の領域ということになります。私自身も、臨床心理学を専門とする学者であり、二〇年以上心理療法を実践しているカウンセラー（臨床心理士）です。

（３）心理学への失望

心の悩みの解決法を探している人や、あるいは正しい生き方や心の深層を学びたいと期待している人が、心理学に関心をもつことが多いのですが、残念ながら大学などで心理学を学ぼうとすると、失望に終わる場合も少なくありません。多くの心理学の教科書には、心理学は心の科学であり、実験や統計によってデータを分析するものだと宣言されています。心の癒やし方や、生き方のヒントを求めて心理学の大学に入ったのに、気がついたら実験や統計解析ばかりをやって、求めていた生き方の問題や、生きる意味などへの回答は得られなかったということがしばしば起こるのです。

心理学は、近代西欧の思想的土壌のなかで生まれ育ったため、物理学や数学のような自然科学であろうとしてきました。心理学のなかで現在主流派を占める科学的心理学においては、心を数値化して一般的な法則を見いだそうとする傾向が強いので、数字にならないような個別の心の問題や、深層心理や、生き方や死に方の問題には、直結しないことが多いのです。このような事情によって、残念ながら、心理学では求めていたことが得られないと感じて、心理学に失望し、背を向けていってしまう人々がいるのです。

（４）心理学の地盤は「我あり」

心理学では、感覚、知覚、認知、思考、感情、記憶などの心理的機能を研究したり、自我、自己、人格、心的状態、発達などを分析したりします。心の働きに名前をつけ、概念化し、定義をつくり、測定し、概念間の相互関係を調べ、理論構築を試みます。このような発想法は、近代哲学の父と称されるデカルトの有名な命題、「我思うゆえに我あり」、すなわち疑い得ないのは「我」があるということだという思想にその基礎があります。我は実在し、その心はあたかも固定物であるかのように機械論的に分析できるという暗黙の前提の上で、心理学が成立しているのです。

しかし、その前提は疑い得ないものではありません。そもそも心は物質ではなく、働きあるいは機能に過ぎませんから、モノの性質とは異なります。目に見えない連続的な働きである心を、機械論的に理解しても、それには限界があるのです。さらに、心の働きは一瞬一瞬変化していて、あたかも激しく燃えさかる炎のごとく、形状を捉えることができない働きなのです。したがって、心の機能に名前をつけ、固定的に捉えて、自己を実在と捉え、諸要素の概念を積み重ねて、科学的に捉えようとしても、そこには現実との乖離が生じることを避けることはできません。心を測定しようとしても、ある一場面におけるある一瞬の心を、特定のひとつの視点から切り取る以上のことはできないのです。実際には、おかれた状況に存在する無数の要素との関係性によって、心はいかようにも変化します。心理学は、燃えさかる炎を、固形物のように捉えようとするのに似ています。ここに、科学的な心理学のひとつの限界があるといえるでしょう。

（５）エビデンスに基づいた治療法の実際　うつ病の薬物療法

このように、心理学が科学であるために、昨今、エビデンスということが重要視されています。エビデンスとは、科学的なデータに基づいた「証拠」という意味です。証拠に基づかない思想ではなく、証拠に基づいた研究を重視しようということです。心理治療の実践においても、効果があるという証拠が出されている治療技法を使うべきだというエビデンス・ベイスド・メディスン（evidence based medicine：EBM）やエビデンス・ベイスド・プラクティス（evidence based practice：EBP）が近年、声高に叫ばれています。ＥＢＭやＥＢＰは理にかなった考え方であり、証拠が示すとおりの結果になることもあります。しかし実際には、ＥＢＰが必ずしも良い結果につながらないことも少なくありません。

たとえば、現在、日本でもっとも多い精神疾患であるうつ病の治療法を例に、ＥＢＰの現状を見てみることにしましょう。うつ病の治療には、抗うつ剤による薬物療法を中心に、必要に応じて認知行動療法を組み合わせることが、現在エビデンスに基づいた標準的な治療法とされています。実際、全国の病院や診療所では、大量の抗うつ薬が処方されています。それがもっともエビデンス（証拠）に基づいた治療法であるとされているからです。

しかし実際には、長年抗うつ剤による薬物療法を受け続けたにもかかわらず、うつ病を克服できなかったという人は、決してめずらしくはありません。どこの病院でもこのような人を見つけることは容易でしょう。一方で、うつ病になったけれども治療を受けずに、仕事を休んでゆったりと過ごし、すこし回復したところで好きな運動をしていたらすっかり治ってしまったという人も少なくありません。EBPに基づいても良い結果にならない人も多く、EBP以外の方法ですっかり回復することがあるというこの現実は、どのように理解したらよいでしょうか。

うつ病の治療法としてエビデンスがあるとされる薬物療法ですが、一九九九年に日本でも解禁されたSSRI（選択的セロトニン再取り込み阻害薬）とよばれる新型抗うつ剤（薬品名でいうとプロザック、ゾロフト、パキシル、ルボックスなど）が、副作用が少なく治療効果が高いということで、当時鳴り物入りで導入されました。それによって、抗うつ薬の販売額は一〇年足らずの間に五倍以上に急増した一方で、一九九六年にはおよそ四三万人だったうつ病患者が二〇一四年には一一二万人となり、およそ二・六倍に爆発的に増加したのです。新しい抗うつ剤が本当によく効くのであれば、うつ病患者は激減するはずなのですが、現実は正反対でした。新型抗うつ剤の発売と同時に、うつ病患者が激増することは、日本に限られた現象ではなく、多くの国で同様の患者数激増現象が起きています。

（6）エビデンスに歪められた精神医学

なぜ、治療効果が高いはずの抗うつ剤が普及することによって、うつ病患者が激増するのでしょうか。抗うつ剤の周知（宣伝）によって、新たなうつ病患者が発掘されたという説明がしばしばなされますが、そうだとしても年々増加し続けて二・六倍にまで増えるという現象をそれだけで説明するのは困難でしょう。この珍現象の原因は、実は簡単なことかもしれません。医学博士の井原裕は、抗うつ剤の効果に関する複数の研究データに基づいて、実際には抗うつ剤は八割の人には効かないと述べています。特に軽症および中程度のうつ病には、抗うつ剤の有効性は確認できないとされています。詳しくいうと、実際には抗うつ薬を飲んで治る人もいるのですが、偽物の薬（プラシーボ）を処方した場合と、抗うつ剤を処方した場合で、治癒率に統計的に有意な（意味のある）差が見られないのです。つまり、抗うつ剤を摂取している患者が治ったとしても、薬剤の効果で治癒しているとはいえないということです。

当代随一の精神医学史家として名高いカーディフ大学教授のデイヴィッド・ヒーリー医

学博士は、彼自身が薬物療法を用いる精神科医でありながら、広範な論文をつぶさに展望した上で、次のように結論しています。「抗うつ薬が短期的になんらかの効果を示すことの証明はたくさんあるが、長期的に見てよい結果をもたらすという証拠はない。逆に、抗うつ薬の使用によって事態を悪くしているのではないかと懸念する理由はたくさんある。抗うつ薬が導入されてからうつ病の頻度が一〇〇〇倍にふえたというのだから、何かが間違っているに違いない。」（『抗うつ薬の功罪：ＳＳＲＩ論争と訴訟』）

このように、抗うつ剤の有効性が怪しいのだとすれば、うつ病を患った人が薬を飲まずに、ゆっくり休息を取ったり、適度な運動をしたり、食事に気を配ることによって元気に回復する場合があるのは、不思議なことではありませんし、むしろ理にかなった回復法なのかもしれません。

新型抗うつ剤があまり効果的でないだけではなく、さらに悪いことに、その摂取による副作用は、軽度なものからかなり深刻なものまで、多数報告されています。代表的な副作用には、たとえば、不安、興奮、不眠、頭痛、腹痛、吐き気、下痢、便秘、食欲不振、食欲昂進（肥満）、眠気、口渇、目のかすみ、尿のトラブル、性機能障害、運動障害、振戦（手の震え）など、非常にたくさんあります。

民間の医薬品監視機関である薬害オンブズパースン会議が二〇〇八年に厚生労働大臣、

法務大臣、製薬会社四社に提出した「抗うつ薬ＳＳＲＩに関する要望書」という文書によると、ＳＳＲＩの副作用によって重大な犯罪が引き起こされているとしています。ここでは代表的なものを二つ紹介しましょう。ひとつは、多量のルボックス（ＳＳＲＩの一種）を服用していた米国の高校生二人が銃を乱射して一三名を殺害、二三名が重症を負ったコロンバイン事件（一九九九年）です。この事件で提訴された製造元のソルベイ社は、その後ルボックスの販売を中止しています。

日本でも大事件が起きました。乗員乗客五一七名を乗せたジャンボジェット機がハイジャックされ、機長が刺殺された全日空ハイジャック事件です（一九九九年）。犯人はプロザック、パキシル、ルボックス（すべてＳＳＲＩ）などを服用していました。東京地裁判決では、これらの薬剤がいずれも「攻撃性や興奮状態等を出現させる副作用を伴う可能性を有するものであった」として、犯人は「抗うつ剤などの影響で躁うつ混合状態による心神耗弱状態にあった」と認定しています。

前出のデイビッド・ヒーリー医学博士は、「新しい数字では、ＳＳＲＩ、あるいはすべての新しい抗うつ薬の自殺率・自殺企図の率はおおざっぱにいって、プラセボ（偽薬）の二・五倍高い。この差異は統計的に有意である」（『抗うつ薬の功罪：ＳＳＲＩ論争と訴訟』）と述べています。つまり、抗うつ薬を飲むことによって、自殺の危険性が約二・五倍に高まってしまうと指摘されているのです。

このように、抗うつ剤は有効性に疑問があるだけではなく、その副作用によって他殺、暴行、自殺という悲惨な事件が起きており、世界各地で訴訟が起こされ、欧米では社会問題にまでなっているのです。

抗うつ剤は有効性が低いというデータがあり、人命を危機に陥れるような重篤な副作用が起こりうるにもかかわらず、このことはあまり知らされないまま、一部の研究のエビデンスを論拠として、今日もＳＳＲＩは精神科医療で大量に処方され続けています。ＳＳＲＩはうつ病だけではなく、さまざまな不安障害、心的外傷後ストレス障害（ＰＴＳＤ）、摂食障害などの治療にも幅広く用いられています。なぜこのようなことが続いているのでしょうか？　参考にすべき重要な事実は、ＳＳＲＩは世界で年間数兆円を売り上げる大きなマーケットであるということです。ヒーリーの一連の著作はこの問題にもっとも深く切り込んでいます。産官学の関連業界がどのようにこの事実を黙殺し続けてきたのかについて、詳細に洗いざらい記述しています。ヒーリーは、エビデンスや精神疾患がマーケティングの道具になっているという問題を指摘し、「エビデンスに歪められた精神医学」の現状に警鐘を鳴らし続けています。

同様の構図は、他疾患の薬剤や、異分野のさまざまな領域でも見いだすことができます。

たとえば、二〇一一年に福島で大事故が起きるまでは、原子力発電所では絶対に事故が起こらないという安全神話が専門の学者たちの間で支持されており、原発の危険性を指摘しようものならひどく嘲笑されるという状況でした。しかし、どちらが正しかったのかは未曾有の大事故がはっきりと示したとおりです。事故は現在も収拾がつかず、しかも誰も責任を取らないままの状態が続いています。物理学者のエイモリー・ロビンスは、『新しい火の創造』という著書で、原子力や化石燃料をのぞく現在の発電等の技術だけで人類が必要とするエネルギーは十二分に余裕をもってまかなうことができ、原子力発電はまったく必要ないことをさまざまなデータで論証しています。しかし、大惨事を経験した学者も国民も、一度潤沢な原発マネーの恩恵に浴すると、ロビンスのような革新的な学説よりも、原発は必要であり、安全に違いないと信じ続けるようなのです。

うつ病の治療に話を戻すと、本来は、薬物療法以外の有効な治療方法はいろいろありえますので、それを幅広く研究し、現実にあったエビデンスを示すことが重要だと思います。しかし、ゆっくり休み、適度な運動とバランスのよい食事で回復するのであれば、経済的利益はありませんので、医療関係者は関心を抱けないのかもしれません。

（7）エビデンスと心理治療の実際が異なる七つの理由

薬物療法ではなく、心理療法の中で、うつ病の治療に有効であるというエビデンスがもっとも多いとされているのが認知行動療法です。エビデンスが示すとおり、認知行動療法によって症状が改善することはありますが、認知行動療法の場合も、薬物療法と同様に、エビデンス通りにはいかず、途中で治療から脱落したり、うつ状態が改善しなかったり、後に再発したり、反対に悪化することもさほど珍しいことではありません。

このように、エビデンスと治療の実際が異なるのには、多くの理由があります。ここでは簡潔にその主な理由を挙げておきます。

第一は、心の問題の治療において、治療技法は治療要因のごく一部を占めるに過ぎないということです。ランバートという米国人心理学者は、数多くの心理治療の効果に関する論文を分析した結果、心理治療における治療技法の重要性は、たった一五％を占めるにすぎないと結論しています。治療技法以外の要因としては、クライエント（相談者）がもっている要因（四〇％）、クライエントと治療者の関係性（三〇％）、クライエントの期待（一五％）であるとされています。この研究結果が正しいとすれば、エビデンスがある治療法かどうかは、治療結果にわずかしか影響を及ぼしていないということなのです。したがって、いくらエビデンスに基づいた治療法を用いたとしても、それは治療においてさほど大きな意味を持たず、治療法以外の要因が満たされていなければ、よい結果にはつながらないことが多いのです。逆にいえば、治療者と良好な関係が形成されているなど、治療法以外の要因が満たされていれば、エビデンスの乏しい治療技法でも、心の問題が回復することはよくあるということなのです。したがって、心理療法の効果に関する科学的なエビデンスと、実際の効果がかなり異なっているのは、当然といえば当然なのです。

第二は、認知行動療法の場合は、患者またはクライエントが主体的に取り組む必要のある課題が多いため、元気で意欲のある人でないと遂行し続けるのがなかなか困難であるということです。しかし、元気で意欲のあるうつ病患者ということ自体、矛盾をはらんでいます。したがって、うつ症状が重たいほど途中で脱落してしまうことが多く、最後まで認知行動療法をやり遂げられた人はもともと健康度が高かったのかもしれません。

第三は、認知行動療法は、歪んだ認知がうつの原因と考えるのですが、実際には認知が歪んでいるのではなく、過酷な社会的・心理的・生理的環境におかれていることが強く影響している場合も少なくありません。このような場合には、環境を調整することがまず必要であると考えられ、認知行動療法によっては改善されることはないのです。あるいは、生き方が行き詰まってうつ病を患う場合も多々見られます。その場合は、やはり認知行動療法は有効ではなく、生き方をともに考えていくようなアプローチが適切なのです。

第四は、患者またはクライエントの価値観の問題です。認知の問題に取り組むことに価値を見出しやすい人もいれば、違うアプローチを好む人もいます。治療者側がよいと思う方法は、患者またはクライエントにとって必ずしもよいと受け取られるわけではありません。受容的なカウンセリングや、運動療法や食事療法の方が自分に合っていると思う人は少なくないのです。クライエントの価値観や意向を無視して、データだけでＥＢＰを押しつけることは良い結果には結びつかないことが多いのです。このように、患者やクライエントの価値観や意向を尊重して援助法を選択することを、ＶＢＰ（value based practice）と呼びます。

第五は、心理療法においては、治療技法よりも、雑多な対話の中から回復のヒントを得ることが、実際は多いということです。さまざまな局面の対話の中で洞察を得て、自分の心の問題を見つめ、それを解決したり、成長することが多いのです。このような対話は、特定の治療技法ではないので、決してエビデンスのような数字には表れません。しかし、このような数字に残らないやりとりが、優れた治療者は長けているのです。このような、雑多な対話のなかで優れた柔軟な対応ができる能力を、哲学者の中村雄二郎は「臨床の知」と呼びました。「臨床の知」は物差しで測れるものではないので、一般的な科学的知識や学問的知識とは分けて評価すべきものなのです。

第六は、とても重要なことですが、心理療法は、症状を治すことだけが目的ではないということです。実際には、心の問題と向き合うことによって、心に関する洞察が深まり、生活や生き方、考え方を見直し、それによって心が成長したりすることが多々あります。このような変化や成長の結果、症状が改善することも多いということです。このように改善すると、症状が出たことには意味があったと思えるのです。症状が消えたか、不安が消えたか、適応できたか、という問題だけに注目したエビデンス主義というのは、近視眼的なので、表面を扱うばかりで、問題の原因に至れないことが多いのです。心の援助をする専門家は、たんなる技術屋ではなく、多様な生き方を理解し支援する広く深い視野が必要とされているのです。

第七は、うつ病といっても、ひとりひとり性格、資質、趣味、嗜好、生育歴、おかれた心理社会的環境が異なっています。ですので、○○病には○○療法がよいというエビデンスがありますといっても、このような人間的に多様な背景を無視した統計なので、当てはまらないことが多いのは当然なのです。個別の諸状況を総合的に判断して、なおかつ時間的に変化する状況も勘案しながら、援助法を探っていく必要があります。

他にもいろいろな要因がありますが、ざっと挙げただけでも、このような七つの理由によって、心理療法においては、EBPは理屈上は正しくとも、実際はそのとおりに機能しないということが分かるのです。ですので、すぐれた臨床家ほど、エビデンス主義には抵抗を示すことが多いのです。エビデンス・ベイスド主義が考えるほど、実際の心は、単純ではないのです。

(8) エビデンスを越えた臨床の知

このように、エビデンス主義は、特に心理学の場合、ある一面においては正しくとも、実際には例外があまりにも多いのです。それは、心の現象を引き起こしている要因が、内界と外界に渡って非常に多く、極めて複雑だからです。現実に存在している人間は、測定した数値的データだけでは十分に理解できない部分が大きいのです。

うつ病患者百人を集めてみれば、診断のラベルは同一であったとしても、うつを生じさせた要因は百人百様であり、無数の因子が症状や問題を形成していますから、単純なフローチャートにしたがってすぐに治療できるというものではありません。ゆっくり休むことが最善の場合もあるし、旅に出ることがよい場合もあるし、仕事や生活習慣を変えることが適切な場合もあるし、大きな視点に立って生き方をじっくり考え直してみることがもっとも効果的である場合も少なからずあるのです。瞑想法を日々実践して心を静めることができれば、うつ病に有効であるというエビデンスもありますが、心が極度に沈んでいたり混乱しているときには、なかなか瞑想ができないでしょう。瞑想法を理解することができ、意欲を持てる人の場合には、重たいうつ状態をある程度回復した後に、正しい瞑想法を学んで実践するというように、臨機応変に技法を使うのが正解なのです。

セラピストの熱意がクライエントを変えるというケースもありますし、熱意がありすぎてかえってうまくいかないこともあります。実際の心の治療においては、エビデンスのあるものを機械的に採用するのではなく、多様な要因と、変化の局面を読み取って、柔軟に進めていくことが大切なのです。数字にならない観察や配慮、人間知、マニュアルでは組み尽くせない治療戦略など、一朝一夕には身につけられない「臨床の知」こそ、心の援助では必要とされているのです。

（９）カテゴリー・エラーとフラットランド

心理学の研究では、しばしば心を数値に置き換えたり、生理的データから心の説明を試みます。心身は密接な相互作用がありますから、それは妥当なアプローチですが、心の働きをすべて身体の生理作用に還元してしまうことには問題があります。科学的な心理学は、心をあるがままに観察するのではなく、数値や物質に還元してしまうことによる過ちをしばしば犯しています。

たとえば、「心は脳である」という考えがそれです。現在、脳科学がとても発展していますので、脳を解明すれば、心はすべて明らかになると考えている学者も少なくありません。しかし、「心と脳は密接に関連している」というのは事実ですが、「心は脳である」というのは証明されていませんし、思想に過ぎません。しかし、無自覚な科学主義にとらわれていると、物質を解明すれば心もすべて解明されると思い込んでしまうのです。

ケン・ウィルバーというかつてのトランスパーソナル心理学の代表的思想家は、内的な現象をすべて外的な物質に還元することをカテゴリー・エラー（範疇錯誤）と呼びました。カテゴリー・エラーが行なわれると、多様な「質」が、数値化可能な「量」に還元され、世界を物だけしかない世界へと矮小化してしまいます。近代の主流派心理学は、行きすぎた自然科学主義によって、心の内面世界を物質に還元・吸収し、高さも深さも意味もない単調な世界にたたみ込んでしまっているとして、ウィルバーはこれをフラットランド（平板な世界）と名づけました。

心理学において、唯物論的な世界観が無意識のうちに前提とされるということが起きているのです。近代の申し子である心理学は、自然科学主義的な時代精神に足元をすくわれながらカテゴリー・エラーを繰り返し、フラットランド的な世界観を拡大してきました。以後、カテゴリー・エラーと、その結果としてのフラットランドという視点をひとつの軸として、心理療法を巡る心理学の展開を眺めてみることにします。

（10）心理療法の実践における抗フラットランド

私の専門である臨床心理学は、他の数多くの心理学領域に比べると、心をすべて数値化

ケン・ウィルバー
（https://www.shambhala.com/authors.html より）

せずに、質的な研究をする人がまだ多く残っているように思われます。つまり、臨床心理学は、フラットランド化の度合いが少ない印象があるのです。なぜならば、臨床心理学を研究している人の多くは、実際に心理的な対人援助の場面に臨み、悩みを抱える人とフェイス・トゥ・フェイスで接しているからです。心理相談は、相手の心を受け容れ、よく理解し、共感や支持をする心をもち、柔軟に対応していかなければ、実際にはなかなかうまくはいきません。心をひとつの視点から固定的に捉えたり、数字にすべてを還元したり、治療理論に基づくフローチャートに従うような手順だけでは、実際の心理臨床はうまく機能しないのです。そのことを知っているので、ＥＢＰには抵抗を感じる臨床家が多いのです。

さらに、カウンセラーのように他者の心の援助をしたいと思う人は、そもそも利他心を初心として出発している場合が多いので、その志がフラットランド化を抑止する一要因ではないかと思います。慈悲心をもって一心に活動しているときには、人は概念・理論・数値から離れていられるからです。もちろん、人情だけで臨めば、クライエントの感情に巻き込まれたり、偏った心の理解をしてしまうリスクがあるので、客観的な視点を維持し、中立性を保ち続けるトレーニングが不可欠であることはいうまでもありません。心のあるがままをバランスよく観察し、関与することが心理援助者には求められるのです。

今日の大学や大学院で心理学を学ぼうとすると、科学的な心理学を避けて通ることはできません。指導を受けながら学習を続けるうちに、心を数値化したり、理論モデルに当てはめて解釈する習慣が身につき、無自覚なままにカテゴリー・エラーを犯し、立派な還元主義者になってしまうという危険性が高いのです。フラットランドの還元主義者は、単純な要因にのみ注目をするので、エビデンスを示す学術論文を書きやすいのです。そのようにして多数の論文を業績としてあげた人が、大学教授などの指導者になりやすい傾向があります。しかし、還元主義者になってしまえば、心を心としてあるがままに見ることができず、論文はたくさん書けても、心そのものが見えなくなりがちなのです。心理学を学ぶ人は、紙の上で成り立つ理論と、心の実際とは必ずしも同じではないということをよく理解しておく必要があるのです。しかしそのようなことは、心理学の素人のほうがすぐに気がつくかもしれません。

（11）マインドフルネス認知行動療法

昨今、テレビや書籍等でマインドフルネス（mindfulness）という言葉がよく使われています。マインドフルネスとは、ブッダの教えにある悟りの重要な要素であるサティ（sati）というパーリ語の英訳です。日本語では「気づき」と説明されています。最近は、マインドフルネスが仏教と切り離された技法として広く知られるようになり、一種のブームの様相を呈しています。ブームの火付け役の一つは、第三世代の行動療法とも呼ばれるマインドフルネス認知行動療法です。この心理療法はどのようなものか、簡単に理解してみましょう。

まず、第一世代といわれる行動療法は、一九五〇年代頃に発展した治療法で、客観的な問題行動に焦点を当てて、それを改善することを目指す、自然科学志向の心理療法です。行動療法では、問題行動は不適切な行動パターンが誤って学習されたか、適切な行動パターンをいまだ学習していないことのどちらかによると考えます。したがって、動物実験によって得られた学習理論とそれに基づく技法を用いて、不適切な学習を消去するか、適切な行動パターンを新たに学習させることによって、問題行動を改善することが可能になると考えて心理治療を行なうのです。これが第一世代の行動療法です。

行動療法は、科学的なデータに基づき、手続きが具体的でわかりやすいという利点がある一方で、人格や内的世界をほとんど無視することや、行動が外部の刺激によってのみ決定されるという前提に対して批判があります。行動療法によって問題行動が消失しても、他の症状に入れ替わるという問題も指摘されました。動物実験を人間に適用することに対する限界も指摘されています。人間の心は、動物とは異なる高次の機能が多々あり、同列には考えられない領域があるからです。

そこで行動療法は、「行動」のみを対象とする行動主義の立場から、やがて「認知」も考慮せざるを得なくなりました。認知とは、「現実をどのように受け取るのか」という内的な過程のことです。認知に焦点を当てる「認知療法」という心理療法を行動療法と連結することによって、行動療法は認知行動療法へとアップデートしたのです。これが一九七〇年代に登場した、第二世代の行動療法です。第二世代の認知行動療法になると、歪んだ認知や信念、刺激に出会ったときの自動的な思考を自覚し、合理的な認知ができるように学習することによって、問題行動の消失を目指すようになりました。先述の通り、このような認知行動療法という技法は、エビデンスに基づく心理療法として広く知られるようになります。

その後、二〇〇〇年代になると、もともと仏教の瞑想技法の一要素であったマインドフルネスという視点を取り入れ、不快な感情や思考を取り除こうとするのではなく、あるがままに見ることを目指す第三世代のさまざまな行動療法が登場します。代表的なものとしては、カバットージンのマインドフルネス・ストレス低減プログラム（mindfulness-based stress reduction：MBSR）、シーガルらのマインドフルネス認知療法（mindfulness-based cognitive therapy : MBCT)、ヘイズらのアクセプタンス&コミットメント・セラピー（acceptance and commitment therapy : ACT)、リネハンらの弁証法的行動療法（dialectical behavior therapy : DBT)など、類似の新技法も多数開発・包含されています。

このように、行動療法は、認知を取り入れ、マインドフルネスを取り込み、大きく変容しました。その結果、ストレス減少効果、生理的指標の改善、脳機能の改善、問題行動の改善、うつ病や不安障害の改善、認知症の予防など、幅広い心身への効果がエビデンスとして報告されるようになりました。

第三世代の認知行動療法は、マインドフルネス（気づき）を保つことによって、自らの思考や感情にとらわれなくなり、今自分の目の前で起きている内外の現実をねじ曲げず、防衛せず、そのままに体験できるようになることを目指すのです。仏教の瞑想法が心身の健康に寄与し、さまざまなとらわれから解放する効果があることは、修行者であれば古代から誰もが体験的によく知っていたことですが、学問的に数値として結果が出されたことには意義があるでしょう。それによって、修行者だけではなく、心の問題に苦しむ一般の人々が瞑想の恩恵にあずかれる門戸が開かれたからです。その結果、今日ではマインドフルネス瞑想はセラピーの枠を越えて、一般の人々の健康法や、企業の社員研修などにも広く用いられるようになったのです。

（12）マインドフルネス・ブームの限界

このように、現在マインドフルネスがブームのように広がっていますが、これを瞑想法の一種としてみた場合には、限界があります。マインドフルネス瞑想を実践する人々は、ストレスを減らしたい、苦しみから逃れたい、症状を治したい、健康になりたい、夢を実現したい、創造的になりたい、などが動機となってはじめていることがほとんどです。瞑想を習慣づけることができれば、このような効果もある程度期待できますが、問題点が二つあります。

第一は、瞑想ができない人、深まらない人、続かない人が実際はとても多いということです。気づきを保ち、集中力を保ち続けることは、それほど簡単なことではありません。それは、練習不足だけが原因なのではなく、瞑想ができるための基本的な条件が揃っていないからです。その条件については、第4章第3節で述べたいと思います。

第二は、ある程度瞑想ができて、当初の目的を達成した場合、瞑想をやめてしまったり、それ以上に発展しないという問題です。瞑想によって、当面のストレスや症状が解消し、健康を取り戻したら、多くの人は瞑想をやめてしまうでしょう。

もともと、仏教における瞑想とは、欲や怒りを静め、心を清らかにするための方法でした。それが、苦しみを根本解決するための唯一の方法だからです。しかし、それが理解されずに、あるいは意図的に切り捨てられて、単なる一時的な健康法としてマインドフルネスが広がっているように思われます。

マインドフルネス・ブームの瞑想では、心の健康や安定などに一定程度役立つ場合がありますが、本来の瞑想のもつポテンシャルからすると、対症療法に過ぎないことがわかります。より深い理解に基づいた、総合的な実践があれば、その効果は何倍、何十倍にも大きくなるでしょう。そうするためにどうすべきかは、原始仏教によってはじめて深く理解できるので、第3章および第4章で、瞑想についてさらに掘り下げたいと思います。

(13) 脱フラットランド的な心理学

自然科学は、物質世界を探求するときに、最適の優れた方法であることに疑う余地はありません。一方、心の内的世界を探求するときには、自然科学では理解できない領域が大きいのです。心の内的世界を探求するための方法は、観察、内省、対話、現象学、その他さまざまな質的研究法があります。研究対象にふさわしい研究方法をもちいて、それぞれの結果をつきあわせて総合的に心を探求することが必要なのです。自然科学主義の限界を理解して、カテゴリー・エラーを犯さず、心に対して正しいアプローチをとることが、心理学が真に心の学問に発展するために欠かせないことだと思います。

心理学の中にも、このような自然科学主義的なカテゴリー・エラーを乗り越えたもの、すなわち脱フラットランドの方法で探究した分野がいくつかあります。代表的なものは、フロイトの精神分析、ユング心理学、人間性心理学、トランスパーソナル心理学の四つです。これから、この脱フラットランドの四つの心理学について、なにがどのように還元主義を乗り越え、どのような成果を得て、どのような限界があるのかについて概観してみましょう。それは、折りたたまれた世界から心の内面世界を解放するパラダイム・シフトの試みなのです。

(14)フロイトの精神分析

精神分析(psychoanalysis)は、ジークムント・フロイト(一八五六〜一九三九)が確立した、歴史上はじめての近代的な心理療法です。フロイトは、心の病の原因は、私たちが意識できる領域にではなく、簡単には想起できない無意識に抑圧された感情や記憶にあることを

ジークムント・フロイト

発見しました。精神分析では、その抑圧された記憶や感情を、自由連想法という方法を用いて意識化することによって、心を浄化（カタルシス）し、さまざまな神経症症状を治療しました。

フロイトはもともと生物学者でしたので、科学者的な発想で、心を機械論的に捉えようとしました。彼は人間の心が、エス（欲望に満ちた心）、自我（理性で現実的に考える心）、超自我（良心や道徳心）の三つの部分から構成され、つねにこれらの相互の緊張関係（力動的関係）によって成り立っているというモデル（心の構造論）を打ち立てたのです。エス、自我、超自我というといかめしい学術的概念に思われますが、もともとフロイトが語ったのは、「それ」（ドイツ語の三人称単数の指示代名詞エスEs、「それ」という意味）、私（ドイツ語の一人称単数をあらわすIch、すなわち「私」)、私を超えた私（ドイツ語のÜber-ich、英語に直訳すればBeyond I）という、非常に素朴な説明でした。それが翻訳されると、高度に概念化され、心が実体的なモノであるかのような印象を与えてしまっているのです。

一方でフロイトは、催眠をもちいた臨床経験に基づいて、人間の心は、意識、前意識、無意識の三層から成り立っているとして（心の局所論）、無意識の意識化こそが、心の治療の鍵であると考えたのです。

(15) 精神分析のパラダイムシフト　客観主義から心的現実へ

フロイトに話を戻しますと、彼が起こした重要な知の革命の一つは、一般的にあまり注目されていないことですが、無意識の発見よりも、心を理解するパラダイムとして、客観モデルから主観モデルへと転換させたことではないかと私は思います。心理治療中に自由連想法という方法によって患者が語る記憶や感情は、客観的な出来事であるとフロイトははじめは信じていましたが、よく調べてみると、患者が語った記憶は、どう考えても客観的事実と符合しない場合が少なからずあったのです。たとえば患者が暴行を受けたと語っても、現実的にそのような出来事があったとは考えられないこともあるのです。

ところが、客観的事実が存在しなくとも、心の中でトラウマ（心的外傷体験）の物語が存在すれば、症状は実際に発症するのです。つまり、精神症状というものは、外的な客観的事実に直接結びつけられたものではなく、内的な主観的事実によって成り立っていることを目の当たりにしたのです。症状は主観的な現実によって引き起こされているので、その治療は、主観的な世界における感情、物語、記憶、空想（ファンタジー）が意識化され、浄化（カタルシス）され、修正されるならば、たとえ客観的な状況は変わらなくとも、治癒することを発見したのです。反対に、客観的状況が変化しても、主観的な心の現実が変わらなければ、心の問題は解決できないのです。このような主観的な内的世界をフロイトは心的現実（psychic reality）と呼び、心の治療においては、外的な客観的現実にこだわりすぎるのではなく、むしろ心的現実を重視し、心的現実の解放や修正を目指せばよいことを発見したのです。

こうしてフロイトは、人間は外的な客観的現実だけではなく、内的な心的現実に住まう存在であることを発見し、心理治療者として、客観性にとらわれず心的現実に取り組むことを選択したのです。これは、客観的な現実にこだわる自然科学主義とは袂を分かち、主観を重視する新しい心の科学、すなわち体験科学の誕生といえるのです。心理学におけるパラダイムシフトをフロイトは起こしたのです。

心を探究するときには、モノを調べるような方法ではなく、心の内的世界をありのままに観察する方法がふさわしいとフロイトは考えるようになりました。そのため、主観的な世界を調べるときには、性急な解釈を慎み、治療者はホワイトスクリーンのように中立な立場になって、患者の語りに耳を傾けるべきであるとしたのです。

最近の医療現場では、生物学的な治療だけではなく、患者が自分自身の心の物語を語ることを傾聴することによって心理的に支えようとするナラティブ・セラピーが提唱されるようになりました。ナラティブ（narrative）とは物語という意味で、人間は誰しも、自分の主観的なストーリーのなかで生きているため、その心の世界を重視することが、あらゆるケアにおいて重要であることが気づかれはじめたのです。このようなナラティブ・セラピーとは、心的現実を支持するという方針なのですが、これはフロイトがおよそ一二〇年前にはじめて発見した心理的ケアの原理だったのです。もっとも、フロイトの精神分析は、意識的な物語よりも、無意識にある物語が重要であり、それを意識化することを目指していますので、通常のナラティブ・セラピーよりも、ずっと深いレベルでの心の治療法でした。

（16）心の基本は快楽原則

フロイトは、私たちの心ははじめに「それ」（エス）があり、エスは、根源的エネルギーとしてリビドーが満ちているといいました。リビドーとは、性的欲望のエネルギーであり、リビドーの性質は、ひたすら快楽を求め、不快を避けようとすることだとフロイトは考えました。これを「快楽（感）原則」と呼び、人間の心のもっとも原初に巣くう性質であると述べたのです。フロイトは、人間の心の根源的なエネルギーは性的欲求であり、その欲求が満たされないことがしばしば心の病の原因となると考えました。今日では、これをそのまま信じる人は心理学者のなかでもほとんどいなくなりましたが、それでもフロイトの考えは、重要な心の真実をついていると思われます。私たちの心は想像以上に、性的欲望に左右されています。直接的な性的欲求だけではなく、異性からの眼を意識したり、セクシャルな美にこだわったり、若いときにはビジュアルに優れたアイドルに心を奪われるなど、さまざまに形を変えながら性の欲望は顕在化しているからです。

さらに、快をもとめ、不快を避けるというのは、誰もが認める心の根本的な性質であると思います。第4章第4節で触れますが、快感原則という洞察は、原始仏教の心の理解と通ずるところがあり、心の救済を考える際に欠かせない重要な着眼点であると思います。

心の根源を（性的）欲望であると考え、客観よりも心的現実を重視し、無意識の世界を探究したフロイトの学説は、西洋に深層心理学という新しい分野を生みだし、その礎石となりました。フロイトの思想は、それ以後、自我心理学、対象関係論、新フロイト派、自己心理学などとよばれる精神分析の諸派に展開し、さらにユング心理学、アドラー心理学、フランクルの実存分析などにも間接的に影響を及ぼしています。そして、ナラティブ・セラピーのように、今日のケアにも影響が波及しています。さらに、精神医学や心理学の枠を越えて、哲学、文学、人類学など、多岐にわたる学問分野にも大きな影響を与え、フロイトは二〇世紀の知の三大巨人の一人に数えられるようになったのです。

（17）ユングの分析心理学　創造的病と集合的無意識

脱フラットランド心理学の二番目は、一時期フロイトの最愛の弟子であったカール・グスタフ・ユング（一八七五〜一九六一）が創始した分析心理学（analytical psychology：別名ユング心理学）です。ユングは、国際精神分析学会の初代会長であり、精神分析の旗手としてフロイトがもっとも期待を寄せる精神科医でした。しかし、両者はやがて心に関する見解の相違を埋めることができなくなり、決別に至ります。ユングは、フロイトに理想の父親像を重ね合わせて尊敬していたため、決別したことに大きなショックを受け、精神分析学会や大学をすべて辞し、失意と方向喪失のなか、およそ五年間にわたり、精神病的な状態に陥ります。しかし、ユングはただ精神的な病に圧倒されただけでは終わりませんでした。病的な心の世界に呑み込まれる不安と戦いながら、ヨーガなどを行い呼吸と身体を調え、心を明晰に保つことによって、無意識の世界から押し寄せるおびただしいイメージやビジョンを徹底的に観察し続けたのです。

ユングは、無意識に入ると、肉体をもたない諸々の存在と出会い、彼らと対話を深めていきました。特に内的世界でたびたび出会ったのは、フィレモンと名乗る、翼をもち髭を生やした老賢者です。フィレモンとの対話を重ねることによって、ユングは多くのことを彼から学んだと述べています。ユングは、無意識世界での体験にヒントを得て、独自の心理学（分析心理学）を構築するのです。長期間の苦しい精神病的体験が、新しい発見をもたらす「創造的な病」（creative illness）となったのです。

ユングの無意識論でもっとも特徴的なことは、フロイトのいう無意識よりさらに深層を探究したことです。私たちの心の深層には、フロイトが提唱したように、抑圧された記憶や感情が閉じ込められている個人的な無意識がありますが、さらにその深層には、「私」

とか「あなた」という個別性を超えた、集合的な無意識があるとユングは主張したのです。ユングはそれを集合的無意識（collective unconscious）あるいは普遍的無意識（universal unconscious）と名づけました。ユングは、自らの体験だけではなく、多くの臨床例や文献を用いて慎重に集合的無意識の論証を試みました。集合的無意識には、人類が共有している普遍的なイメージやモチーフ（元型 archetype）が渦巻いていて、それに触れることよって私たちの生き方が深みを増し、豊かになると述べたのです。

ユング心理学では、私たちの心には、意識と無意識、外向と内向、思考と感情、感覚と直観、自我と影（シャドー）、アニマ（内なる女性性）とアニムス（内なる男性性）など、さまざまな対極的な性質が混在しており、この対極の一方への偏りをバランスさせる機能が無意識にはあると考えます。これを補償（compensation）あるいは相補性（complementarity）と呼び、集合的無意識は、私たちをより広大な自己へ導くとしたのです。

（18）個性化の過程　自己になること

ユングは、「人間の究極の目標は自己になることである」といいました。自己になるとは、個人に内在するさまざまな可能性を実現し、バランスを取り、自己の全体性へと向けて成長していくことであり、そのプロセスをユングは個性化の過程（individuation process）と呼びました。

個性化の過程では、無意識にはびこるコンプレックスを意識化して解消し、世間に対して見せるペルソナ（仮面）やその反対の影（シャドー）と向き合い、さまざまな元型と対峙しながら成長していきます。このような心の成長過程を観察すると、私たちの心の中心は自我ではないことに気づくといいます。なぜなら、自我には心の深層のプロセスの主導権はなく、むしろ次から次へとやってくるプロセスのなかで舵を切るにすぎないからです。ユングは、自我よりも広大な、意識と無意識を含めた心の全体性（psychic totality）を想定し、この広大な心の全体性を自己（Self）と名づけました。ユングのいう自己とは、意識、個人的無意識、個別性をこえた集合的意識をも内包する心の全体性です。

ユングの自己は、自我を大きく超えたものであり、自己は自我を包摂しているのです。フロイトはエスの欲望に振り回されないように、現実的・理性的な自我の確立を重視しましたが、ユングは、自我は、それを越えた大きな自己に主導権を委ねることが個性化に欠かせないと考えたのです。

（19）心の内面を還元せずに あるがままを受けとめたユングの治療観

ユングの心の理論は難解で混沌としているところがありますが、彼の著作を熟読して、深層の心の世界を徹底的に探索したことからくる迫力に魅せられる人が少なくありません。ユング自身が体験した無意識世界での驚くべき出来事は、『ユング自伝』などの著作で詳細に読むことができます。『ユング自伝』には、ユングの特徴的な治療観もうかがい知ることができます。たとえば、「治療においては問題はつねに全人的なものにかかわっており、決して症状だけが問題になるのではない」と述べたり、「治療は患者の中から自然に芽生えてくるべきものである。心理療法と分析は人間一人一人と同じほど多様である。私は患者をすべてできるだけ個別的に扱う。なぜなら問題の解決はつねに個別的なものであるからである。普遍的な規則は控え目にしか仮定されない」といいます。

ユングの治療観は、心をありのままに受けとめようとすることであり、要素還元主義的な自然科学とは対極にあります。ユングの著作には、昨今のエビデンス主義の態度では決して理解できないと思われる心の深層の細やかな機微が描かれています。意識と無意識に

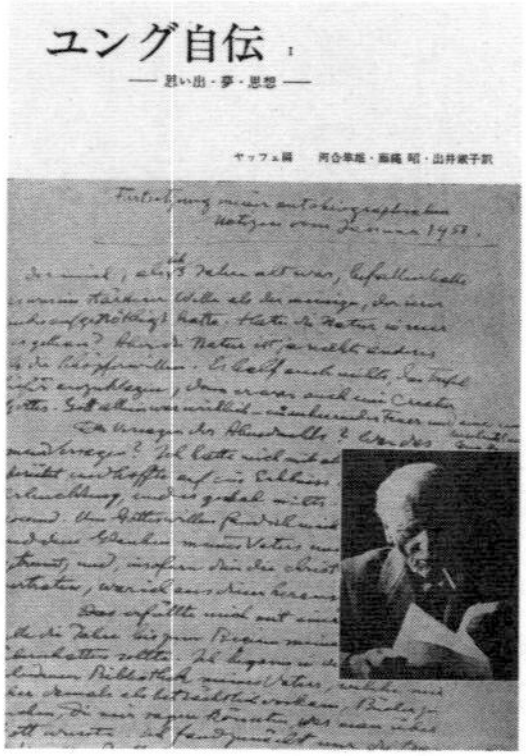

『ユング自伝1―思い出・夢・思想』
ヤッフェ［編］
河合隼雄、他［訳］
（みすず書房）

点在する無数の要因から生成する心の働きを、ユングは捨象することなく、あるがままに、向き合おうとしていたのです。他者の心を外的な基準に従って分析したり還元するのではなく、つねに個別的に、丁寧に、深層の視点から理解し、治療の関係性のなかで起こる予測不可能な心の変容の過程に飛び込み、ともに歩みながら観察しようとしている意志がユングの言葉からひしひしと感じられるのです。心の内面を探究する心理学としては、ユング心理学はカテゴリー・エラーを決して起こさない現象学的な方法論を採用したと考えられます。

心理的な治療の実践においては、症状を消すとか、不適応な人を適応させるなどの表面的なことにユングは治療の目標を置いていないように思われます。ユングの心理療法は、広大な自己を生きようとする個性化の過程をサポートしようとしており、それは数字で表されるような一面的な内容ではないのです。

ユング心理学は、無意識の心的現実を重視したフロイトをさらに推し進め、個別性を超えた集合的無意識、広大な自己へ向かう存在としての心にまで視野を拡大しました。ユング心理学は、科学的・機械論的・医学的な心のモデルを完全に超えています。心をあるがままに全体的にとらえようとするがゆえに、ユングの臨床的な治療戦略は、意図的に非体系的なのです。ユング心理学は、主流派の自然科学的心理学とは対極に位置するものであり、その意味で多くの心理学者から理解されず、批判を受けています。しかしその一方で、心理療法の実践家のなかには、今日でもユング派や、ユングの影響を受けている人が少なくありません。ユングは、学問的な前提を排して、もっとも心を深くまで観察して探究しようとした、希有で重要な心理療法家であることは疑う余地がないと思います。

(20) 人間性心理学　変容する自己、実存、自由、責任、自己実現

脱フラットランド心理学の三番目は、人間性心理学 (humanistic psychology) と呼ばれるものです。一九五〇年代の心理学界は、行動主義と精神分析が二大主流を占めていましたが、

これらへの批判や限界を指摘する多くの心理学者や心理療法家たちが共同して、新たに生みだした潮流が人間性心理学です。

当時の行動主義に対しては、人間の内面生活における認知、感情、価値、意識、愛情等を排除してしまったことが問題視されました。精神分析に対しては、病人の心理過程のみを分析し、健康な人を直接の対象としていないことや、すべての心理的問題を幼少期の問題へと決定論的に解釈してしまうこと、心の問題をすべて性的欲望に帰着させることなどへの批判がなされました。簡単にいえば、過去のトラウマや誤った条件づけによって悩む人にとっては、精神分析や行動療法は有効であり得るけれども、人生の価値や生き方などの本質的な問題に悩む人々や、健康で高度な成長を遂げている人々にとっては、二大主流の理論はしばしば意味を持たないことが問題視されたのです。

一九六〇年代のアメリカで、これらの限界を乗り越えるべく有志が結集し、第三勢力の心理学として人間性心理学が誕生しました。人間性心理学には多様な考え方が含まれていますが、その基本は、二大主流によって見失われた人間存在の意義と価値を取り戻そうとするところにあります。「脱フロイト的」「脱行動主義的」な視点から、人間存在をつねに「生成の過程にある存在」(a being in the process of becoming)として柔軟なとらえ方をします。人間は過去や外的な刺激や環境に強く影響を受けていますが、決定論的に縛られた硬直した存在ではなく、前進的、自主的、独自的に、自己変容の能力をもつ存在であることに目を向けたのです。人間は過去や環境の被害者ではなく、自己自身の在り方や自己実現に対して自由な意志によって選択できると同時に、その結果に責任を負う存在として理解しようとするのです。

人間性心理学では、距離をとって第三者的に他者の心を観察するのではなく、特定の個人の人生・悩み・自己実現の過程に積極的に関与しながら観察します。つまり、科学がとる三人称的アプローチではなく、我と汝の二人称的な関係性の中で心を探究したり、自己の内省による主観的な体験をも重視しました。厳密な学を基礎づけようとして哲学者のフッサールが提唱した現象学が、一人称的な科学の基礎として注目されました。

このように人間性心理学では、心理学が歴史的に抱き続けてきた自然科学への憧憬から解放されることによって、実存する人間のありのままの心の問題を直接に扱えるようになったのです。すなわち、生きがい、価値、実存、自己実現、意味、主観的真実、罪、善悪、世界観、死、苦、などが、人間性心理学によってはじめて心理学の主題として研究することが可能になりました。

人間性心理学の流れに属する代表的な学者や心理療法家としては、欲求階層論や自己実現論を展開したことで有名なアブラハム・マズロー、クライエント中心療法やエンカウンター・グループを創始したカール・ロジャーズ、フォーカシングという内省的な心理療法を開発したユージン・ジェンドリン、交流分析のエリック・バーン、ゲシュタルト療法のフレデリック・パールズ、反精神医学のロナルド・レイン、論理療法のアルバート・エリスなどが有名です。さらに、フッサールの現象学や実存主義思想の影響を受けたドイツ人間学派の系譜の人々がいます。ナチスの強制収容所での絶望的な強制労働を自ら体験し、その心理過程を描いたことで有名な『夜と霧』の著者であり、実存分析を創始したヴィクトール・フランクル、ハイデガーの存在論の影響を受けた現存在分析学派のルードウィッヒ・ビンスワンガーやメダルド・ボス、実存的心理療法のロロ・メイらがいます。彼らは、米国のプラグマティックでドライな心理学とは一線を画し、人間性心理学に深遠な人間観を提供しました。

（21）結語　心理学の可能性と限界

以上、心の問題に向き合う心理学の流れを概観してきました。主流派の科学的心理学は、エビデンスを示す心理治療法を生みだし、社会的・学界的に評価される傾向にあります。しかし、薬物療法や認知行動療法の例でみてきたように、エビデンス主義は、必ずしも心理治療の実際とは一致していません。そこには治療要因の多様性が考慮されていないことや、内面を外面に還元するカテゴリー・エラー、臨床の知の欠如、利権、価値観、等々の問題が隠されているからです。

科学的心理学やエビデンス主義の欠点を補う可能性のある、脱フラットランド心理学の代表的なものとして、フロイトの精神分析、ユングの分析心理学、人間性心理学の特徴をみてきました。これらの心理学は、心の内面世界を外面に還元することなく探究し、心の複雑さ、豊かさ、可能性などを明らかにし、心の治療法としてだけではなく、個性化や自己実現を援助する方法をも開発してきました。科学的な心理学に比べると、エビデンスの量は少ないのですが、それはこれらの心理学が病の治療に限定したものではないという特質によるものであり、劣っていることを意味するのではありません。同時に、脱フラットランドの心理学が、科学的な心理学より優れているということも意味していません。カテゴリー・エラーを回避したこれらの心理学には、心の内面を知るための手がかりが膨大に蓄積されていることは間違いありませんので、それを読み解き、状況に応じて適切に使いこなす力量があれば、非常に有用な知識と実践法となるのです。

もうひとつ、脱フラットランドの四つ目の大きな流れとして、心理学にスピリチュアリティを取り入れたトランスパーソナル心理学があるのですが、これについては、第2章で詳しく取り上げたいと思います。

一方、心理学の限界は、心の苦しみへの豊富な対症療法が揃っているものの、根本治療法がどこにもないことです。心理学は、心理的症状や不適応などの目下の心理的問題を解決したり、脱フラットランドの心理学では豊かな生き方や自己実現を達成するために有用な「臨床の知」をも備えています。目下の問題に関しては、うまくいけば根治することも可能ですが、しかし、それによってすべての苦しみから免れることはありません。すべての苦しみから免れる方法があるだろうか、という問い自体が心理学には存在していないのです。

仏教では、心の苦しみが完全に滅して、究極的な安らぎに至ることを「悟り」といいますが、心理学には「悟り」に対する問題意識がまったくありません。第3章で紹介する原始仏教をよく理解することによってはじめて明白になるのですが、どれほど心理学を学び、実践しても、それは対症療法に過ぎず、悟りには到達できないという限界があるのです。原始仏教の言葉で表現すると、心理学の対象は世俗世界に属する世間法（パーリ語でいうロキヤ・ダンマ lokiya dhamma）であって、悟りに至る出世間法（ロクッタラ・ダンマ lokuttara dhamma）ではないといえるのです。このような心理学の限界については、次章以降で、さらに掘り下げていきたいと思います。

第2章

スピリチュアリティ

スピリチュアリティによる超越、非二元、陥穽の諸相

（１）スピリチュアリティとはなにか

スピリチュアリティ（spirituality：「霊性」とも訳される）という視点は、心をどのように理解し、どのように心の苦しみを取り除き、成長を促すのでしょうか。日本の一般の方々のなかには、「スピリチュアル」という言葉は聞いたことがあっても、「スピリチュアリティ」という言葉は聞いたことがない、という方も少なくないかもしれません。「スピリチュアル」というと、オーラ、前世、占い、パワースポット、まじない（呪術）、オカルトなどが思い浮かぶ方が多いかもしれません。しかし、学問、医療、ケアの領域で国際的に使われている「スピリチュアル」や「スピリチュアリティ」という言葉は、これらとは少し異なった意味を持っています。本書でいうスピリチュアリティは、主として後者の文脈で使われる意味で用いるのですが、学問や医療などで用いられる「スピリチュアリティ」もまた、文脈によって、使う人によって、多義的な意味を持っています。では、どのような意味で使われることがあるのか、はじめに簡単に理解しておきましょう。たとえばスピリチュアリティは次のような意味で使われています。

第一は、人間が本来そなえていると考えられる「宗教性」です。私たちは、宗教団体に所属していたり、特定の宗教的な教義を信じていなくても、さまざまな純粋な宗教的感覚、直観、価値観などをもっています。このような既存の宗教に限定されない宗教性をスピリチュアリティと呼ぶことがあるのです。たとえば、死に近づいたときに私たちは宗教性が目覚めることが多いので、自分の存在がこの世から消えることに対する苦しみや、生きることや死ぬことをめぐる苦しみなどをスピリチュアル・ペインと呼ぶことがあります。スピリチュアル・ペインを抱えやすい、人生の終末期を迎えている人への援助をスピリチュアル・ケアと呼ぶ場合があります。もちろん、死に直面していなくても、いつでも宗教性は活性化されることがあります。宗教性の内容は実にさまざまですが、共通していることは、身体的、心理的、社会的な視点だけでは十分に説明ができず、これらの領域に還元できないものであるということです。この場合は、人間の心を理解するために必要な新たな独立したカテゴリーの概念として、スピリチュアリティという用語が用いられています。スピリチュアリティの発達を測定する研究も最近では数多く行われています。

第二は、人間の「究極的な発達」です。たとえば、私利私欲がなく、洞察力に富み、つねに利他的な善い心をもち、それに基づいた崇高な行動を行う人を見て、あの人はスピリチュアルな人だと表現する場合があります。究極的な発達とは、非二元（non-dual）であるという指摘はとても重要なので、これについては後に本章の第4節であらためて説明します。

第三は、愛、慈悲、信頼、神聖さ、真善美など、「崇高な価値やそれにもとづく体験」を指して、スピリチュアリティと表現される場合があります。たとえば、美しい自然を見て心が洗われた気持ちになったときに、スピリチュアルな体験をしたなどと表現される場合などです。

第四は、「神秘的体験やその時の意識状態」です。アブラハム・マズローという心理学者は、自己実現を達成していると考えられる数多くの人々にインタビューを行ったところ、彼らはしばしば神秘的な体験をしていることを発見し、それを至高体験（peak experience）と名づけました。マズローは、至高体験が自己実現という高次の成長を促すことがあることを明らかにしたのです。神秘体験には、大いなるものに触れたとか、生かされていることの自覚がやってきて感謝の念に圧倒されたとか、美しい光に包まれたとか、ビジョンを目撃したとか、宇宙の真実や生きる意味が突然洞察されたなど、言葉で十分に表現することが困難な体験が数多くあります。そして、神秘体験は、体験した人のその後の人生に大きな影響を与えることがしばしばあります。すでによく知られていて、研究も積み重ねられている神秘的体験としては、死に瀕した時に不思議な体験をして、生還後に語られる臨死体験（near death experience : NDE）があります。臨死体験は、三途の川や光に包まれるなどの特異な内容に目が奪われがちですが、体験の後に人生が大きく変化することの方がより重要なことかもしれません。このように、さまざまな非日常的な体験や、そのときの独特の意識状態を指して、スピリチュアリティと表現されることがあります。

第五は、「実存」（existence）です。実存とは、理論やデータによって捉えられた人間ではなく、今ここに現実に存在している固有の人間のことです。実存は三人称的な対象として捉えられるものではなく、主体的な一人称的感覚としての存在感覚を表す哲学的な表現でもあります。実存する私たちは、生理的・心理的・社会的に特定の状況におかれていますが、必ずしもそれらに一方的に決定されるわけではなく、それらの影響を超越して、自由意志による選択が可能である主体として存在しています。『夜と霧』の著者として有名なフランクルは、ナチスの強制収容所で囚人として地獄のような過酷な生活を強いられましたが、それにもかかわらず、どのような悲惨な状況におかれても生きることに意味を見いだせることを自らの体験を通して証明して見せました。フランクルは、このような人間の実存性に焦点を当てる実存分析（あるいはロゴセラピー）を創始したのです。このような自己超越性をもつ実存性をスピリチュアリティと表現する場合もあります。

第六は、実存性と関連の深い「全体性」（wholeness）です。「全体性」とは、要素に還元して分析しても補足しきれない固有の性質を表しています。たとえば人間の身体は、およそ三七兆個の細胞からできていると最近の研究でいわれていますが、技術が進歩して、三七兆個の細胞を作成して、一人の人間に組み立てることができるようになったとしたら、生きた人間の身体が誕生するでしょうか、という問題です。おそらく、細胞をすべて組み立てることができても、個性のある心を備えた生きた人間はできないかもしれません。身体だけではなく、心の場合も同様です。たとえばAさんにたくさんの心理テストを実施し、心の傾向を精密に調査し、その結果をすべてインプットしたロボットをつくったとしたら、Aさんとまったく同じ心をもったロボットが誕生するでしょうか。技術が進歩すれば、Aさんと似た性格のロボットはつくれるでしょうが、同一の人格はつくれないだろうと考えられます。部分的なデータをいくら集めても、実際の心にはならないからです。

このように、「全体は部分の総和を超えている」という事実は、ゲシュタルト心理学という領域で発見された法則です。人間を身体的、心理的、社会的に詳細に分析してその要素を加えていっても、全体として存在している実際の人間にはならないのです。このような要素還元主義ではとらえられない全体性、全人格性をスピリチュアリティと呼ぶ場合があります。ホリスティック（holistic）とか有機体的（organismic）と呼ばれるアプローチはこのような人間の全体性を重視しようとするものです。

以上の六つが、医療、ケア、学問等の文脈でスピリチュアリティという言葉が用いられるときの代表的な意味です。しかし、この他にもスピリチュアリティにはまだ多くの意味が含まれている場合があります。たとえば精神医学者の安藤治（二〇〇一年）は、「スピリチュアリティとは、人間に本来備わった生の意味や目的を求める無意識的欲求やその自覚を言い表すものである」と、シンプルで広義な定義をしています。

私も、スピリチュアリティという言葉を文脈によって意味を使い分けながら用いることがありますが、ある文脈においては、「その時到達できるもっとも精妙な瞑想的意識の場」などと操作的に（暫定的に）定義し、心理療法におけるスピリチュアリティの働きについて論じたことがあります（石川、二〇一四）。

（2）現代心理学＋スピリチュアリティ＝トランスパーソナル心理学

いかがでしょうか。スピリチュアリティやスピリチュアルという言葉のイメージが、かなり変わった方もおられるのではないでしょうか。学術的あるいは医療やケアの議論においては、一般の方々や精神世界好きの方々がイメージする、オーラ、前世、守護霊、パワースポット、占い、チャネリング、予言、等々とは違った文脈で用いられているのです。そして、このようなスピリチュアリティをもっともはじめに学問的に追究しようとしたのがトランスパーソナル心理学（あるいはトランスパーソナル学）と呼ばれる心理学なのです。

第1章からの文脈でいえば、トランスパーソナル心理学は、脱フラットランドの心理学の四番目です。トランスパーソナル心理学は、人間性心理学の延長線上に花開いた心理学です。トランスパーソナル心理学とは、もっとも簡潔にいえば、それまでの心理学に、スピリチュアリティ（霊性）を加えたものということができます。トランスパーソナル心理学になると、心理学が軸にはありながらも、心理学の枠を超えた学際的なトランスパーソナル学にまで領域が拡大されました。

（3）誕生から悟りまで　トランスパーソナルの展望と希望

西洋の一般常識や心理学では、個の確立が人間の成長の終着点であると考えられていましたが、東洋の国々では、無我・無私の生き方がしばしば美徳とされています。トランスパーソナル心理学では、人間の心の成長の目標は、西洋的な個の確立なのか、東洋的な無我なのか、という二者択一で考えるのではなく、二つをつなごうと考えたのです。心理学では、誕生直後には現実を検討する自我はまだ生じていないと考えられています。これをプレパーソナル（prepersonal）な段階と呼びます。次に、大人になる過程で、基礎的な知識や慣習を学習し、知能、認知、倫理、運動能力等を発達させ、自我を確立していきます。

これが個の確立、パーソナル（personal）な段階です。西洋心理学ではここが発達の終着点でしたが、トランスパーソナル心理学は個を確立した後もさらに発達する可能性があると考えたのです。個の確立の後には、自分へのこだわりを捨て、神、仏、天、ブラフマン、道（タオ）、純粋意識、生命そのもの、大宇宙など、さまざまな名称で呼ばれてきたものとの一体化へと向かうことが、東洋思想によって示唆されているからです。このような心理的過程は、聖者に限られた特殊な現象ではなく、誰もが現実に、特定の宗教に頼らなくても到達しうる、正常な発達過程であると考えるのです。

このような、個（personal）を超えて（trans）、アイデンティティを拡大し、最終的にはあらゆる二元性を超越した非二元の状態（non-dual）、あるいは無我の境地に達する過程をトランスパーソナルと呼ぶのです。

トランスパーソナル心理学は、西洋心理学と東洋の霊的伝統の英知を統合し、プレパーソナルからパーソナルへ、そしてトランスパーソナルへと人間は発達・成長しうる存在であると考え、私たちに壮大なビジョンと希望を与えたのです。

スピリチュアリティを包含することによって、トランスパーソナル心理学は従来の心理学とは比べものにならない広範な心理的経験を対象とすることが可能になりました。たとえば、瞑想、祈り、変性意識、神秘体験、ビジョン、臨死体験、サイケデリクス、シャーマニズム、さらには悟りの体験さえ、研究対象にできる可能性をもっています。ゆりかごから墓場までという言葉がありますが、トランスパーソナル心理学はさらにそれを超えて、誕生から悟りまでを研究できる学問なのです。人間性心理学は自己実現がひとつの中心的なテーマでしたが、トランスパーソナル心理学では自己超越が主題とされます。既存の心理学では対象とはなり得なかった自己超越的な成長を促す臨床技法や修行、トランスパーソナルな過程における心理的問題や対処法などについても研究できるようになりました。トランスパーソナル心理学の誕生は、心理学の天井を吹っ飛ばし、青天井にしたといえるでしょう。

(4)非二元(ノン・デュアル)とはなにか

先に非二元(non-dual)という言葉を使いましたが、非二元はスピリチュアリティの核心を突く重要なキーワードなので、ここで説明をしておきたいと思います。非二元とは、二元論(dualism)ではないという意味です。ですので、二元論とはなにかについて理解することからはじめてみましょう。

私たちは、何かを認識するとき、認識されている対象と、認識している私に分離されてしまっています。これが最初の二元論です。たとえば、「私がリンゴを見る」というとき、見られている「リンゴ」と、見ている「私」がそれぞれ別に存在していることが想定されてしまっています。この認識によって、リンゴと私が区別されたのです。リンゴを対象として認識する以前は、リンゴと私は概念化されることなく、したがって両者は区別されることなく存在していたのです。本当は、区別された後も、分離などしていないのですが、分離しているかのように私たちは心のなかで認知しているのです。

もう少し話を進めます。リンゴとミカンが並んでいたとしましょう。それを見た人がリンゴとミカンが並んでいると認識するのは当たり前と思うかもしれませんが、リンゴもミカンも知らない人にとっては、ただ丸いものが並んでいるに過ぎません。しかし、「リンゴ」や「ミカン」という名称やその意味を知っている人にとっては、赤い丸いものがリンゴであり、オレンジ色の丸いものがミカンであるというように、別のものとして認識されます。これも、言語による概念的把握による二元論です。「リンゴ」という概念があることによって、リンゴでないものが排除され、それによって、ミカンはリンゴではないと区別されるのです。

もうひとつ、例を挙げてみます。細かいサラサラの雪が降り、しだいに大きな重たい雪に変わる様子をある人が見たとしましょう。見た人が雪国の人ならば、粉雪から牡丹雪に変わったと、雪を区別して認識します。しかし、雪の降らない南国出身の人が同じ光景を見た場合には、同じ雪としか認識しません。粉雪とか牡丹雪という概念を知らないからです。雪国では雪に関する語彙が豊富なので、さまざまな雪を区別して認識します。これも二元論の世界です。でも本当は、どんな雪も、雪は雪なのです。

このように、私たちは一つのものを二つに分けて区別して認識する二元論の世界に住んでいます。言語はそもそも指し示す対象を限定し、それ以外のものと区別することによって成り立っていますので、言語を伴う認識は二元論を免れることはできません。こうして区別して対象を分けることによって、私たちは文字通り「分かった」と思うのです。しかしそれは、区別して名まえを貼り付けたというだけのことであって、もともとは一つであったし、貼り付けた後も一つであることは変わっていません。雪を一〇通りに分類しても、雪は雪なのです。あるいは、雪と氷と水を私たちは区別しますが、どれもH_2Oです。このように、二元論による認識は、本来ひとつのものを見かけの上で暫定的に切断していくことなのです。切断してバラバラにしているのは、私たちの心のなかで行われていることに過ぎません。二元論という心の認識作用によって世界はバラバラのように見えているのですが、実際にはなにも分離などしていないのです。頭の中で区別が起きただけなのです。区別が分離という幻想を創り出してしまっているのです。

ヒンドゥー教では私たちが認識している現実をマーヤー（幻）と呼んだり、それを人格化して「宇宙は神々の戯れ（リーラ）だ」などと表現するのです。私たちの分別という認識作用によって現実がねつ造されているのです。わかりますでしょうか？

もうひとつ、わかりやすい例を挙げましょう。一枚の黒板に、チョークで円を描いたとします。描かれた円によって、円の内側の領域Aと、円の外側の領域Bの二つに区分されます。領域が二つあると私たちは認識しますが、依然として黒板は一枚のままなのです。

二元論的な認識のないところでは、区別が存在しません。円を描いても黒板が一枚のままであるように、すべては一つです。認識するもの（主体）と認識されるもの（客体）の分離というもっとも原初的な二元論さえ存在しない、あらゆる分離のない実相を、非二元（non-dual）と呼ぶのです。

トランスパーソナル心理学の代表的理論家であったケン・ウィルバーは、彼の処女作である『意識のスペクトル』において、二元論の世界を次のように述べています。「世界を『見るもの』と『見られるもの』とに分断することによって、『一つの世界から二つの世界を作り出し』、結果的に、世界を『自己欺瞞』に陥れる。（中略）このように錯誤したままで、この二元的様式のみを携えてリアリティにアプローチしてみても、われわれの知識や世界像といったものは、組み立てるはなから崩れ去るものであることを思い知らされるだけである」。「知ろうとする主体と知られる客体とを分離し、知られる客体を適当な象徴や名称で表す象徴的かつ二元的な知の様式にのみ頼っている間は、われわれも同様、根本的に世界から切り離され、阻害されている」。一方で、「非二元的知の様式の『内容』が絶対的実在であること、なぜなら、それが習慣的に分断され、象徴化された世界ではなく、絶対的にあるがままの世界を明らかにする」と述べます。非二元的な世界においては、主体も客体もなく、すべてが疎外されることなく含まれているため、「非二元的知というものがすなわちリアリティ」なのです。したがって、非二元のリアリティは、二元論のツールである言語では原理的に語りえないのですが、不完全ながらも言葉によってリアリティを近似的に暗示したり、そのリアリティを体験する方法を指示することはできるのです。

ウィルバーは、このような非二元を指示する言葉を、ヒンドゥー教、仏教、道教、そしてキリスト教やユダヤ教の神秘主義、さらに多くの哲学者、物理学者、心理学者の著作から広く引用し、非二元は普遍的な知の様式であり、リアリティーであるとしています。非二元は、分別による分離のない全体なので、二つということがありません。そのため、究極的なワンネス（oneness）と表現されることもあります。ウィルバーに代表されるように、スピリチュアルなさまざまな思想においては、非二元あるいは究極のワンネスに目覚めることが、究極の心の進化、発達、あるいは悟りであると考えられているのです。

（５）脱コンテクスト化装置としてのスピリチュアリティ

スピリチュアリティに話を戻します。スピリチュアリティとは、宗教とは無関係に生起する純粋な宗教体験や宗教性のようなものを表現する場合があると先に述べました。それゆえ、スピリチュアリティという言葉は、既存の宗教・思想・文化・組織・教義から脱コンテクスト化するという機能をもった言葉なのです。この機能によって、古今東西の宗教、霊的伝統、神秘主義、シャーマニズム、土着の宗教や民間療法における体験的な知識が、普遍化、心理学化され、学問的に同一平面において吟味することが可能となったのです。前近代的な概念も、スピリチュアリティという近代的な概念のフィルターを通すことによって、そのエッセンスを抽出し、歴史・文化・伝統・宗教に回収されることなく、超近代的なコンテクストにおいて再解釈されるのです。これは、スピリチュアリティという言葉のもつ重要な存在意義を示す機能なのです。

（6）近代西洋を超えるトランスパーソナル

さらにもうひとつ重要なことがあります。越境です。自己超越が、非二元に向けてアイデンティティを拡大していく垂直的運動だとすると、文化、国籍、宗教、人種、性別、社会階層、健常者と障害者などの壁を越境する働きは水平的な運動といえます。垂直的な自己超越によって、水平的な越境が容易になるのです。このように縦横に境界を超えることによって、私たちは自己を超えて、あらゆる限定から解放されていくのです。

スピリチュアリティによるもっとも重要な水平的な越境のひとつは、心理学の出自であると同時に足かせでもあった、近代西洋の呪縛からの解放です。スピリチュアルな体験に関する知識は、西洋心理学にはほとんど皆無であったのに対し、東洋の宗教や霊的伝統には豊富な蓄積がありました。それゆえ、トランスパーソナル心理学は、必然的に東洋の諸伝統の影響を強く受けることになり、結果として、西洋心理学と東洋思想をつなぐ新たな心理学になったのです。近代西洋からの開放ということは、第1章で述べたように、客観主義にとらわれた自然科学的な心理学からの解放をも意味しています。

東西の思想的出会いを象徴する書物としては、仏教学者の鈴木大拙と精神分析学者のエーリッヒ・フロムによる共著『禅と精神分析』や、哲学者アラン・ワッツの『心理療法東と西』などがあります。これらは、東西の邂逅による火花を発して、多くの読者を魅了し、トランスパーソナル運動にも多大な影響を与えました。

自己超越という垂直運動は、学問領域をも横断的に越境しました。医学、心理学、哲学、教育学、宗教学、人類学、看護学など、専門の垣根を超えた学際的な学問としてトランスパーソナル学は立ち上がったのです。

（7）トランスパーソナル心理学略史

トランスパーソナル心理学の歴史を簡単に振り返ってみましょう。はじまりは、一九五〇〜六〇年代に米国のヒッピーたちが東洋諸国に旅をして、現地でさまざまな霊的伝統に触れたことです。その後、彼らがその体験や知識を母国に持ち帰り、さらに、東洋の指導者たちが米国に渡って直接語るようになり、書物も多数刊行されるようになります。これが、六〇年代の米国に起こったカウンター・カルチャー（対抗文化）と融合して、大きなうねりとなります。当時の米国は、世界で突出した経済的繁栄を謳歌していましたが、一方では、泥沼化するベトナム戦争、離婚や虐待等の家庭崩壊、人種・性別・宗教による差別、環境問題等が噴出し、多くの人々が混乱していました。個人主義、物質主義、大量消費主義、教条主義的キリスト教などに代表されるアメリカ的価値観が限界を露呈しつつあったのです。

新しい突破口を探し求めていた人々の一部は、東洋の霊的伝統にまったく新しい方向性を見いだし、希望を抱きました。東洋思想では、西洋心理学が知らない心の深遠な可能性が説かれていたからです。鈴木大拙や鈴木俊隆による禅の思想は、アメリカ人に衝撃を与え、全米に禅を浸透させる先駆けとなりました。チベットの高僧はチベット密教を伝え、東南アジアの上座部仏教の僧侶たちはブッダの瞑想法を普及させました。インドからはヨーガやヒンドゥーの聖人たちの教えが伝わり、なかでもマハリシ・マヘーシュ・ヨーギによる超越瞑想（TM）は、六〇〇万人以上の西洋人に瞑想の機会を与えたといわれています。

こうして西洋の心理学と東洋の精神的文化の本格的な交流がはじまり、開放的で華々しいカウンター・カルチャーが花開いたのです。その一部は、フリードラッグやフリーセックスなど放逸した行動を助長しましたが、一方では新たなライフスタイルを模索し、瞑想や修行に取り組む人々や、オルタナティブな生き方や社会のあり方をもとめて変革や奉仕活動を行なう人々、新たな視点の心理学や思想を生み出す動きにもつながりました。禅や道教をセラピーと結びつけて紹介したアラン・ワッツや、インドでヨーガや瞑想を学び『ビー・ヒア・ナウ』を著したラム・ダスらは大衆から熱狂的な支持を受けました。

米国の西海岸はこのような対抗文化の拠点となり、新しいセラピーのメッカにもなり、世界中から多くの人々が参集しました。このようなアクティブで雑多なムーブメントのなかで、学問的に心の可能性を探究しようとした人々が、一九六九年に米国でトランスパーソナル学会を設立させたのです。創設のメンバーには、幅広い分野の著名な学者が加わりました。たとえば、アブラハム・マズロー、ロベルト・アサジョーリ、アーサー・ケストラー、アラン・ワッツ、アンソニー・スティッチ、マイケル・マーフィー、メダルド・ボス、ヴィクトール・フランクルなどです。お気づきのように、人間性心理学を立ち上げ、支えた人たちもトランスパーソナル心理学に含まれています。

（8）平成日本のスピリチュアル小史

日本には、およそ二〇年遅れてその余波が到達しました。一九八〇年代にトランスパーソナルの関連書物が邦訳されるようになり、その斬新な思想が一部の人々に知られるようになります。一九八五年には京都で第九回トランスパーソナル国際会議が開催されました。

スタニスラフ・グロフ（精神科医）、ラッセル・シュワイカート（宇宙飛行士）、フランシスコ・ヴァレラ（生物学者）、ジョン・ウィア・ペリー（精神科医）、ドーラ・カルフ（臨床心理学者）、エリザベス・キューブラー・ロス（精神科医）、河合隼雄（臨床心理学）、玉城康四郎（仏教学）、樋口和彦（ユング心理学）など、幅広い分野の先駆者たちが集い、時代を先取りした討論が繰り広げられました。このときの模様は、『宇宙意識への接近』という書籍に掲載され、今日読んでもまだ新しいと思われる内容が含まれています。

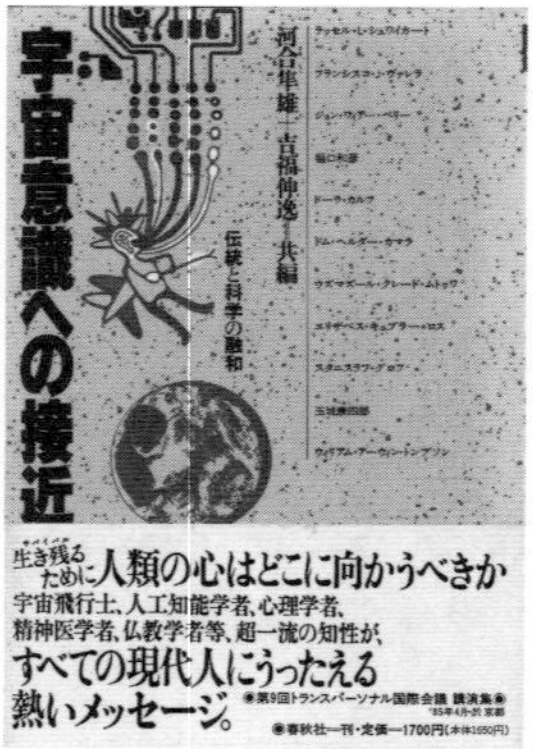

『宇宙意識への接近―伝統と科学の融和』（春秋社）
河合隼雄＋吉福伸逸［編］
1985年会議の発表を収録している。

このような書物の出版やイベントによって、日本でもスピリチュアリティに関心をもつ人々が少しずつ増えはじめました。一九九四年には、日本トランスパーソナル学会が設立され、南伊豆の弓ヶ浜で第一回大会が開かれました。日本へのトランスパーソナルの導入を先導した翻訳家でセラピストの吉福伸逸、臨床心理学者の河合隼雄ら、第一線の方々の講演や、海辺ではミュージシャンの喜多郎のアート・パフォーマンス、会場には瞑想部屋が設置されるなど、新しい潮流が日本にも本格的に上陸したと感じられる熱気が渦巻いていました。その後、一九九八年には、日本トランスパーソナル心理学／精神医学会が設立されました。

この頃には、スピリチュアルなカウンター・カルチャーだけではなく、周辺領域としてのニューエイジあるいは精神世界とよばれるサブ・カルチャーが社会に広がりはじめました。いわゆる精神世界は、トランスパーソナル学とも関心領域が重なっていますが、トランスパーソナル学はこれらとは一定の距離を保ち、冷静な学問的視点をもっていることが特徴です。精神世界は、チャネリングや呪術など、学問的に検証不能な不確かな情報が多く、さらにそれを商売の道具として煽る人々もいるため、接し方を誤ると、精神的な成長どころではなく、反対に自己愛的な退行や盲目的な世界観への陶酔を引き起こし、現実世界で生きることを困難にしてしまう危険性があります。このような誤ったスピリチュアルを「偽りの霊性」（false spirituality）と呼びます。

世紀が変わり二〇〇〇年代になると、わが国のマスメディアでスピリチュアル・カウンセラーと称する江原啓之（一九六四〜）が活躍し、いわゆるスピリチュアル・ブームがわき起こり、エハラーと呼ばれる支持者たちも現れました。江原の説くスピリチュアリズムの世界観は、日常生活での細かな問題から死後の世界や生まれ変わりについて詳しく語られたため、多くの人にとって役立つものがあったのだと思われます。江原のブームについても、トランスパーソナル心理学は重なる領域をもちつつも、一定の距離感を保っていたように思います。

このように、トランスパーソナル心理学は、サブ・カルチャーに染まることなく、古今東西の霊的伝統や諸領域の学問の知識を包括する視点をもち、さらに臨床や瞑想等の実践などについて研究を積み重ねていました。こうした地道な姿勢は、意味のあるスピリチュアリティを発見し、理解していくためには、長期的に見るとよい戦略ではないかと思われます。

同時に、研究はあくまでも研究に過ぎませんから、実際のところは各自が実践してみる必要があります。研究とは、旅にたとえれば地図かガイドブックを読むようなものです。本当に理解するためには、現地にいって歩き回り、自ら体験しなければ分からないことがたくさんあるのです。したがって、スピリチュアルな事柄も、実体験によって理解することを忘れてはならないと思います。トランスパーソナル心理学は学術的な研究であると同時に、体験的な知をもつ人々によって支持されてきたムーブメントでもあるのです。

（9）スピリチュアリズムの影響

トランスパーソナル心理学は、スピリチュアリティを主題としながらも、霊の有無や、霊との通信など、いわゆる心霊現象にはほとんど関心を払いませんでした。個を超えた人間の成長について、心理学的に探究しようという姿勢なのです。

心霊現象を主題として深く追求したのは、「スピリチュアリズム」（spiritualism：心霊主義）と呼ばれる一九世紀後半に欧米を中心に広く流行した潮流です。不思議に思われる方もいるかもしれませんが、スピリチュアリズムとトランスパーソナル運動は接点がないのです。スピリチュアリズムとは、一八四八年の米国のハイズヴィルという小さな村で起きた、誰もいないのに物音がしたり、ものが移動したりするいわゆるポルターガイスト現象が、全国的な話題となったことをきっかけとして生まれた、死後も命が存在し、霊界と地上界の交信が可能であるとする思想のことです。スピリチュアリズムは、一九世紀後半に欧米で広く浸透し、霊媒を介して霊魂と交信するとされる交霊会（または降霊会）が各所で頻繁に開かれていました。日本にもその流れの一部が到達して、コックリさんブームなどが起きています。このような大流行のなかで、心霊現象を科学的な立場から調査、検証しようとする心霊研究がはじまります。ダブリン王立大学物理学教授のウィリアム・バレットの提案に基づいて、世界初の心霊研究機関である心霊研究協会（The Society for Psychical Research：SPR）が一八八二年に設立されました。SPRの初代会長は、ケンブリッジ大学倫理学教授のヘンリー・シジウィックであり、第一線の科学者、政治家、霊能者が多数参加しました。SPRの後の会長には、アメリカ心理学の祖であるウィリアム・ジェームズや、フランスのノーベル賞生理学者のシャルル・リシェ、哲学者のアンリ・ベルグソンなどが務めています。科学的な心霊研究の一部はその後、超心理学（parapsychology）へと受け継がれていきました。

スピリチュアリズムが広く知れ渡ると、霊と交流して、格調の高い交信内容を次々と語る霊媒が現れるようになります。すると、心霊現象を単なる好奇の目で見ることから、霊的な通信によって伝えられる世界観や哲学に多くの人々の関心が移行し、それをよりどころとした生き方をする人々が多数誕生するようになります。

フランス人のアラン・カルデック（一八〇四〜一八六九）は、複数の霊媒による交霊会で霊たちに根本的な質問を行い、そこで得た回答を比較検討し、『霊の書』（一八五七）としてまとめました。『霊の書』はフランスやラテン諸国でベストセラーになり、ブラジルではカルデシズムと呼ばれて広く普及しました。『霊の書』は、キリスト教圏で編まれた書物であるにもかかわらず、その教義に反して輪廻転生を説き、霊の世界は心の進化に応じた厳格なヒエラルキー構造になっているとしていることが大きな特徴です。牧師の霊媒ウィリアム・ステイントン・モーゼスは、インペレーターと名のる最高指導霊からの通信を『霊訓』（一八八三）として、ジョージ・ヴェール・オーウェンは、母と友人たちや守護霊などによるメッセージを『ベールの彼方の生活』（一九二一）として、モーリス・バーバネルは、シルバーバーチと名乗る高級霊によるメッセージとされるものを『シルバーバーチの霊訓』（初刊一九三八）として公表し、カルデックの『霊の書』とあわせて、スピリチュアリストはこれらを四大霊訓と呼んでいます。これらの霊訓は、霊的存在からのメッセージとしてそのまま真実であると信じるスピリチュアリストもいますが、自己の潜在意識が顕現しているという説や、悪霊の仕業であるという考えなど、さまざまな受け取り方があります。

そのほかにも、『シャーロック・ホームズ』の著者として有名な英国の作家コナン・ドイル（一八五九〜一九三〇）は晩年、心霊主義に関する執筆や講演活動を世界各国で行い、熱心にスピリチュアリズムの布教に努めたことでも知られています。

米国人の元写真家エドガー・ケイシー（一八七七〜一九四五）は、催眠状態に入ると多くの人々の病気の治療法を詳しく具体的に語って助けました。さらに、アカシック・レコードと呼ばれる宇宙の記録庫のようなところにアクセスして、相談者の過去生のリーディングを行い、カルマの法則を説き証し、時に厳しく生き方の指南を相談者に説きました。

日本では、浅野和三郎が一九二三年に心霊科学研究会を設立し、心霊研究や霊界との通信（『小桜姫物語』など）を行っています。

二〇〇三年には先にも触れた江原啓之がマスメディアに登場します。相談者本人しか知らない情報を伝えて信頼関係を形成し（シッティングと呼ばれる手法です）、主護霊からのメッセージを受け取って本人に伝えたり、オーラを霊視するなど、問題解決へのアドバイスを行って反響を呼びました。江原はスピリチュアリズムの思想を独自に編集し、数多くの著作を出版し、日本にスピリチュアル・ブームを引き起こしました。人間は個でありながら、死後はグループ・ソウルの一つとして融け込み、転生の際は再び一部が分かれるという類魂説を江原は語っていますが、これは英国の作家であり自動書記霊媒であったジェラルディン・カミンズ（一八九〇〜一九六九）が記した『永遠の大道』や『個人的存在の彼方』に著されている思想にルーツがあると思われます。

日本ではスピリチュアルというと、一般の方々は以上のようなスピリチュアリズム（心霊主義）のイメージを思い浮かべることが多いようです。しかし、今日、学問、医療、ケアの領域でスピリチュアリティという言葉が用いられるときには、第2章（第1節）に述べた六つの意味のどれかひとつに該当する場合が多いので、スピリチュアリズムとは内容的に隔たりがあるのです。

（10）「スピリチュアル」と「スピリチュアリティ」のガラパゴス的分離

日本では、大衆レベルでは、「スピリチュアル」が多用され、「スピリチュアリティ」はあまり使われない傾向があります。「スピリチュアル」の意味するところは、霊能力、呪術（開運法やまじないグッズなど）、占い、前世、ガーディアンスピリット（守護霊・守護天使）、チャネリング、リーディング、古代文明、パワースポットなどが主なテーマになることが多いようです。これらは、大衆に浸透したスピリチュアリズムと比較的関連が深く、侮蔑的な意味をもって「オカルト」と表現されることもあります。このようないわゆる「スピリチュアル」がサブ・カルチャーとして流行すると、興味本位な商業的なアイテムとして利用されていることが少なくありません。

一方、特に一九九〇年代以降のアカデミズムや対人援助などのメイン・カルチャーにおいては、「スピリチュアリティ」（霊性）が中心のキーワードとなり、純粋な宗教性、自己超越性、生き方や死に方、全体性、実存、美徳、人間性を超えた大いなるもの、スピリチュアルなケアなどを意味することが多いのです。これらは、トランスパーソナル心理学の研究分野と重なる領域です。本来は、スピリチュアルとスピリチュアリティは単なる語形変化に過ぎないのですが、このような奇妙な区分けが日本で独自に生じているのです。

（11）トランスパーソナルの功績と新霊性運動

現在、米国でトランスパーソナル学会が設立されて半世紀、日本でトランスパーソナル心理学の二つの学会が設立されてから二〇年以上が過ぎ、研究内容は細分化し、成熟しました。一方で、米国のトランスパーソナル学会も、日本の二学会も、会員数は減少傾向にあり、トランスパーソナル・ムーブメントの勢いは、発祥から半世紀を迎えて、下降期に入ったというのが現状です。

では、トランスパーソナルは、一時的な流行に過ぎなかったのかといえば、そうとも言い切れません。トランスパーソナル運動は、霊性研究の先駆けであり、幅広い領域に影響を与えているからです。欧米においては、特に二一世紀に入ると、さまざまな分野の学術論文でスピリチュアリティという用語が頻繁に用いられるようになりました。人文系、医学・看護系の英語論文の検索サイトでスピリチュアリティをキーワードにしてサーチすれば、数年間に期間を限定しても軽く数千件がヒットします。これだけ学術論文でも多用される言葉になったのですから、欧米ではアカデミズムにおいて一定程度認知された言葉になったといえるでしょう。世界保健機構（WHO）でもスピリチュアル・ケアの定義がなされたり、米国の精神障害の診断と統計マニュアル（DSM－Ⅳ、DSM－5）においても、「宗教およびスピリチュアルな問題」というのが一つの項目として取り上げられています。

宗教学者の島薗進は、宗教団体とは無関係にスピリチュアリティを追究する傾向を新霊性運動と名づけ、この運動は一般庶民からアカデミックな領域までを含み、世界的な広がりを見せていると分析しています。トランスパーソナル心理学は、その最初期の普及を学問的にリードしてきた一翼なのです。

カウンター・カルチャーから始まった新霊性運動は、やがて政治的色彩を薄めて、ニュー・エイジや精神世界と呼ばれるサブ・カルチャーに形を変えて庶民に広がっていきました。自分探し、エコロジー、セラピー、ヒーリング、チャネリング、パワースポットなどが流行したのです。新霊性運動が卑近なテーマを扱うマイルドなものに変質することによって、一般市民に浸透したのです。このあたりで有名な著作には、心理学者ヘレン・シャックマンらの大著『奇跡のコース』、ジェーン・ロバーツ、ダリル・アンカといったチャネラーの著作、フィンドホーン共同体関係の著作、マリリン・ファーガソンの『アクエリアン革命』、シャーリー・マクレーンの『アウト・オン・ア・リム』、ジェームズ・レッドフィールドの『聖なる予言』シリーズなどがあります。一方で学問としてのトランスパーソナル心理学は、先述の通り、これらのポップなサブ・カルチャーとは距離をとりながら研究を行っていました。

市民に浸透したスピリチュアルなものは、その後、医療、教育、エコロジー、心理療法にも徐々にその影響が及ぶようになります。知的に高度な書籍や論文でも論じられるようなり、新霊性運動はメイン・カルチャーにまで浸透したのです。島薗は、一九八〇年代以降、宗教や霊性について積極的に発言し、高い評価を得ている「霊性的知識人」が各方面で台頭したと指摘しています。具体的には、岩田慶治、梅原猛、鎌田東二、河合隼雄、栗本慎一郎、中沢新一、見田宗介、山折哲雄、湯浅泰雄の名を上げ、彼らがオピニオン・リーダーとなって、新霊性運動の裾野を広げたということです。

日本ではスピリチュアリティ（霊性）についてよく知らないままに抵抗感をもつ人が現在でも少なくありませんが、それでも、スピリチュアリティを主題のひとつとして扱う学会や協会が、トランスパーソナル心理学以外にも現れ、二〇〇〇年以降には、各分野で真剣に霊性が問われる機会が増えてきました。たとえば、日本人間性心理学会、日本人体科学会、日本ホリスティック医学協会、日本ホリスティック教育協会、日本ソマティック協会、日本心霊科学協会、日本サトルエネルギー学会、日本スピリチュアルケア学会、国際生命情報科学会、日本超心理学会、日本統合医療学会、日本仏教心理学会、日本ヨーガ療法学会、日本アーユルヴェーダ学会、などです。これらの学会でスピリチュアリティに関わる論文が数多く発表され、研究が進められています。したがって、トランスパーソナル心理学の活動は沈静化に向かっていますが、一定の役割を既に果たし、細分化された各分野において、スピリチュアリティは広く問われ続けているのです。

(12) トランスパーソナルの精神的土壌

トランスパーソナル心理学は、東西の多様な文化的・人的交流から生まれたものなので、トップダウンの一枚岩の思想ではなく、文化的にも理論的にも多種多様なものを包含しています。そして、一九六〇年代の米国における精神的カオスのなかでカウンター・カルチャーを生み出した自由な発想と活力、異質なものへの好奇心と寛容性、未来への希望と情熱、壮大なビジョン、オープンマインドなどの特徴をもつ独特のスピリットが、トランスパーソナル運動には宿っています。それはヒッピーたちの形式に囚われないメンタリティーや、自由奔放な米国西海岸の気性、根源的でスケールの大きな東洋思想、そしてアメリカ人の合理的でプラグマティックな精神のアマルガムです。具体的には、たとえば次のような特徴です。

一、制限のない圧倒的な視野の広さ
（既成の学問には研究対象や方法論に対して根拠のない制限やタブーが多い）

二、統合的・学際的・俯瞰的に事象を捉えようとするおおらかさ
（専門主義は差異にこだわり、蛸壺化し、利権で固められやすい）

三、非日常的体験に病理の烙印を押すだけではなく、正常な発達と理解しうる知的な枠組み
（学問や共同体は一般常識を超えたものを異常と判断して脱価値化することが多い）

四、オルタナティブなビジョン、セラピー、ライフスタイル、組織、社会のあり方を模索するムーブメント

砕けた言い方をすれば、トランスパーソナル・ムーブメントのスピリットは、権威や伝統に不必要におもねることもこだわることもせず、無制限な人間の可能性の探究を志向し、

タブーなくドライな知的議論や試行的な実践を寛容に受け止めるということです。形式的伝統や宗教間の些末な差異にとらわれず、個々のスピリチュアルな体験を重視し、ロジカルでプラグマティックな視点から自由に探究し、新たな実践を次々と試みることができたのです。長い歴史を有する宗教的・精神的伝統が根づいたアジアの国々では、このような風通しのよい自由で開放的な発想や試みは容易ではなく、この時代の米国だからこそ生み出せた潮流であると思います。トランスパーソナル学はこのような出自ゆえに、単なる学際的な学問であるにとどまらず、オルタナティブなよりよい生き方や社会のあり方を、専門家だけではなくあらゆる立場の人々が参加して模索・探究し、実現しようとするムーブメントでした。これらは、真理を探究するための恵まれた豊かな土壌であると思います。研究機関ではなかなかみることのできない、恵まれた希有な精神文化であるといえるでしょう。

（13）メインストリームとオルタナティブの二股

私とトランスパーソナル

ここで、私がどのようにトランスパーソナル心理学と出会い、なにを得たのか、個人的な体験を少しお話しさせていただきます。私は、学生時代に、大学で学ぶ科学的心理学に飽き足らず、大学以外の場所に足を運んでさまざまな脱フラットランド的心理学を学び、ヨーガや太極拳の教室などにも顔を出し、宗教団体にも一時期参加して奉仕活動を行ない、さまざまな分野の書籍を読み漁り、無手勝流に人の生きる道と真理を探究していました。どれもとても興味深かったのですが、あまりに視点が違いすぎて、自分のなかで知識を整理できずに混乱していました。そんな時期に、当時トランスパーソナルの中心的な論客とされていたケン・ウィルバーの『意識のスペクトル』や『アートマン・プロジェクト』などを読んで感銘を受け、目の前が開けるような気がしたのを今でもよく覚えています。ウィルバーの思想は、古今東西の幅広い思想の要点を整理し、普遍的な意識進化の道筋をわかりやすく示したものです。私は、アメリカの青年であるウィルバーを通して、東洋思想の奥深さを教えられました。私が通っていた大学の学科では、東洋の思想はまったく学べませんでしたし、スピリチュアリティとかトランスパーソナルなどという言葉は、ほとんど禁句でした。その頃ちょうどオウム真理教による事件もありましたし、瞑想とかスピリチュアリティなどといえば、オカルトのひと言で片付けられてしまうので、私は隠れキリシタンのように息を潜めて学んでいたのです。

その後、大学院を卒業すると、トランスパーソナルの研究会や学会活動に携わるようになり、先述したような西海岸の息吹に触れました。異質なものへの許容性、タブーがない研究対象、伝統を重々しく捉えすぎない率直で合理的な対話、非日常的体験に安易に病気のレッテルを貼らないなど、ゆるりとしながらも刺激的な知性と希望をもてる環境でした。このような意味で、私はトランスパーソナル運動に育てられたと思っています。専門的な学問が、しばしば縦割り意識の中で、近視眼的で表面的な思考回路に閉じられているのに対して、こうした自由でオープンな空気で、悟りに至るまでの人間の可能性を根本から探究できる場に出会えたことは、本当に幸運でした。

私が世話人の一人として運営させていただいた「トランスパーソナル基礎研究会」(日本トランスパーソナル心理学/精神医学会の活動)は、関心がある人は誰でも参加できる一般に開かれた研究会でした。二〇〇一年から二〇一一年の一〇年間、合計六〇回以上行ない、研究会は一回約三時間でしたが、フランクに語りあう二次会も毎回二時間ほど行ないましたから、トランスパーソナル心理学についてたくさん勉強しただけではなく、スピリチュアルな体験についても随分多くの人と語り合ったことになります。

そこで気づかされたのですが、トランスパーソナルに関心を抱く人のなかには、ある種の非日常的な体験をしている方が多いということです。非日常的な体験とは、不意に瞑想的な意識を体験したり、至高体験をしたり、神秘体験をしたり、超俗的な洞察に満たされるなど、実にさまざまです。きっかけは、病気、災難、極度のストレス、出産、臨死、ワークショップ、修行、日常のひとこまなど多様ですが、突如非日常的な体験に襲われてしまうと、それがいったい何だったのか、どのように自分の中で体験を位置づけたらよいのか、探究せざるを得なくなることが多いのです。私自身も、瞑想をして不思議な体験があったことが、トランスパーソナル心理学に関心を抱いたひとつの契機でもあるのですが、このような方々が実は結構たくさんいることに気づかされたのです。

このようにスピリチュアリティの探究をする一方で、私は心理系の大学院を卒業し、臨床心理士という資格を取得して、心理療法の実践を行いました。病院や大学、そして自ら開業した心理相談室で、多くの患者、学生、クライエントの心を眺める作業を行いました。そこでもスピリチュアリティの重要性に気づかされるのですが、これについては後述したいと思います。

他方、スピリチュアリティの研究に関しては、知的研究の限界を感じ、実際に修行をすることにしました。修験道、シャーマニズム、原始仏教の短期出家修行などの実践を行い、体験的な理解を求めていきました。なかにはかなり危険な修行や苦しい思いもしましたが、義務感に駆られてやったことはなく、自らの探究心、求法心《ぐほうしん》（真理を求める心）、好奇心に駆り立てられて、燃えるような気持ちで、さまざまな修行をすることができました。これも大変な幸運であったと思います。

トランスパーソナル心理学に出会ってから二〇年以上経った現在、研究、臨床、修行を通して、多くのことを体験的にも知るようになりました。いわゆるスピリチュアルな体験も数多くしてきました。その地点に立った今、あらためて若いときに感銘を受けたトランスパーソナルの理論に触れたとき、やはり、重要なものが含まれていると確信をもっていえます。ただし、すべて正しいわけではなく、現在では疑問をもつものもないわけではありません。それについては第3章と第4章で触れたいと思います。しかし、トランスパーソナル心理学には、既存の心理学にはない、重要な普遍的な知があることは間違いないと思います。

私がトランスパーソナルの寛容な精神や、その普遍的な知の価値を理解できるのは、いわゆる正規の研究コースにいたことも大きな要因のひとつです。学生時代にトランスパーソナルに出会いながらも、大学院の修士課程と博士課程、大学の助手、そして大学の専任教員へ進み、エスタブリッシュされた教育・研究機関に属していたため、正当な学問の功罪を肌で感じていました。大学で専任の職を得るまでは、信頼できるごく一部の先生と友人を除いては、スピリチュアリティの研究をしていることは口外せず、隠れキリシタンのように、心理学徒とスピリチュアリティ探求者の二つの顔を使い分けなければならなかったのです。
アカデミックな世界というメインストリームと、スピリチュアルなオルタナティブとの間の溝、そして社会の平均的な世界観（科学主義的な世界観、素朴な実在論、テクノロジズムなど）とトランスパーソナルな心が体験する世界観との大きなギャップは、時代の変化によって縮小した部分はありますが、今日でもまだまだ埋まっていない部分がたくさんあります。つまり、トランスパーソナルの果たすべき役割は今日も十分にあると思われるのです。スピリチュアルな探究心をもつ人は、いつの時代にも一定数いるのですが、彼らはマイノリティの立場におかれているからです。

また、私は東洋の国日本で生まれ育ったにもかかわらず、ケン・ウィルバーのようなアメリカの若者の著作を通して、東洋の精神文化の奥深さを知ったことに複雑な感情を抱きました。現在も、少なくとも正当派の心理学では、近代西洋の枠組みの中にほとんど閉じ込められたままです。しかも、多くの学生も研究者も、そのことに気づいていません。日本人の多くが、脚下に眠っている東洋の思想や、ブッダの教えにほとんど無知であることは、大変残念であり、大きな損失であると思うのです。

（14）正常な体験としてのスピリチュアル・エマージェンス

スピリチュアリティは心の苦しみをもつ人への援助とどのような関係があるでしょうか。私は心理臨床の現場においても、生きる意味、苦しみの意味、生き方、死に方など、しばしばスピリチュアルな問題が語られ、トランスパーソナル心理学が他に代えがたい役割を果たすことを体験してきました。

それをはっきりと痛感させられるのは、常識的に理解しがたい非日常的な体験をした人たちの相談です。非日常的な体験は、それを表現する言葉さえ見つからず、曰く言いがたい苦しみにとらわれます。それをどのように理解し、位置づけたらよいのか、手がかりを見つけることすら困難を伴うことが多いのです。たとえば、非二元を予感する程度に垣間見る瞬間をもっただけも、いままでの常識の外に放り出されるので、その体験は強烈な印象を残します。その不可思議な体験をなんとか近似的にでも言語化して、「すべては無だと分かってしまった」「相対的世界から飛び出してしまった」「すべては愛だと理解した」「現実は虚構だと気づいてしまった」などと語られることがあります。非二元まではいかなくとも、さまざまなきっかけによって微細な意識領域に入り、「過去生を想起した」「不思議なビジョンを見た」「スピリチュアルなメッセージを受け取った」「愛のエネルギーに満たされてエクスタシーに達した」などの体験も少なくありません。彼らは、自分の非日常的な体験を自分自身でもよく理解ができないことが多いのですが、たいていはそれが途方もなく重要な意味をもっているという確信を抱きます。にもかかわらず、周囲の人にはとても話すことができないと感じたり、あるいは勇気をもって話したとしても奇異な目でみられたり、恐れられたり、避けられるようになるなど、無理解や誤解に苦しめられることが少なくありません。その体験をうまく説明できる知識を学問に求めても、ぴったりと役立つものがなかなかみつかりません。現在の精神医学では、神秘体験やそれにともなう悩みを訴えても、統合失調症や解離性障害などの病理現象として理解されてしまい、体験が歪められて理解されてしまうことがあります。既存の臨床心理学でも的確に理解できる知識はほとんどありません。しかし、トランスパーソナル精神医学者のスタニスラフ・グロフやデヴィット・ルーコフの研究業績によって、米国精神医学会の診断マニュアルのDSM－ⅣおよびDSM－5には、宗教または霊的な問題（religious and spiritual problem）の項目が設定されるなど、ある程度の蓄積があります。

非日常的な体験が突発的に起こったり、連続して継続的に起きることを、精神科医のグロフはスピリチュアル・エマージェンス（霊的発現）と呼び、それは正常な体験であると明言しました。スピリチュアル・エマージェンスは、それまでの価値観や世界観を揺さぶり、心身のバランスや、人間関係や社会との関係に変更を迫り、心を不安定にさせる場合があります。この不安定が危機的状況になった場合には、その状態をスピリチュアル・エマージェンシー（霊的危機）と呼びます。

（15）スピリチュアル・エマージェンシーの二次的障害

しかし、スピリチュアリティが発現した場合にどのようなことが起きるのか、よく理解できている精神科医や心理療法家はまだ非常に限られているのが実情でしょう。「宗教または霊的な問題」という診断項目があることさえ知らない臨床家も多いと思います。したがって、既存の知識によって精神病などの間違った烙印を押されてしまう可能性が高いのです。しかも、スピリチュアル・エマージェンスおよびエマージェンシーの世界は、通り一遍の知的学習だけでは本当に理解することがなかなか困難であるという難しさがあります。

このような現状のため、真性の神秘体験をした人が、その体験を的確に理解しようとしたり、サポートを受けたいと思って一般的な精神科医やカウンセラーのところに行っても、望んでいるものがなかなか得られません。誤った診断名を告げられ、誤った治療法を施される危険性も少なくないでしょう。スピリチュアル・エマージェンシー体験者は、それ自体の苦しみに加えて、周囲だけではなく、専門家にも理解されないことによる二次的障害を被り、二重の苦しみを味わうことになるのです。他のさまざまなマイノリティと同様に、無理解や差別に直面する可能性が高いのです。それに加えて、自分でさえもなにが起きているのかよく理解できないのです。なかには、自分でも自分は異常なのだと誤解してしまい、深刻な自信喪失や不安感を抱いたまま孤立を招いていることもあります。

そこで、さまざまな情報を必死で探し求めて、なかには霊能者巡りをしてさらに酷い目に遭ってしまう人もいます。トランスパーソナル心理学に辿りついた人たちは、彼らの体験を適切に知的に説明する原理がありそうだと感じます。実際、こうしてようやくトランスパーソナル心理学の文献に出会い、研究会にやってきたり、スピリチュアリティを研究している私のような心理療法家のところにやってくるというわけです。常識では説明しがたい神秘体験をしている人は、人口比の割合としてはごく少数だと思いますが、実人数は相当たくさんいると思われます。その一部の事例は、当事者の許可を得て拙著『心理療法とスピリチュアリティ』や『スピリット・センタード・セラピー：瞑想意識による援助と悟り』に紹介し、論考を加えていますので、ご関心のある方はご参照ください。

もちろん、スピリチュアル・エマージェンスへの対応マニュアルがあるわけではありませんので、相談すればすぐに解決するというものではありません。プロセスの展開はそれぞれの資質、内外のリソースや境遇、個人的な経験や歴史（仏教的に言えば「業《ごう》」）などに応じて千差万別なので、最終的には自分を信じて乗り越えるしかありません。しかし、なにが起きているのかをよく理解し、よく理解できる人に支えられることによって、困難や苦しみはずっと小さくなることは間違いありません。むしろそのような環境でエマージェンスのプロセスを体験できれば、さまざまな内的恩恵を得るでしょう。

一方で、真性の神秘体験とともに、プレパーソナルな心の問題も同時に顕在化する場合も少なくありません。そのようなときには、問題それぞれの発達段階に応じたサポートが必要になります。通常の心理療法と、トランスパーソナルな心理療法を統合した対処をすることになります。

（16）病と霊性、自己と非自己

病的な体験と、真正の神秘体験を峻別することはとても大切です。精神病をスピリチュアル・エマージェンスとして扱うのは誤りですし、スピリチュアル・エマージェンスを精神病として扱うのも大きな誤りです。そして実際には、病的な体験と、真正の神秘体験が、重複している場合も少なくありません。トランスパーソナルな問題と、プレパーソナルな問題が、同時に顕在化することも多いのです。その場合は、そのことを的確に理解し、サポートすることが大切になってきます。引き上げすぎて理解するのも、引き下げすぎて理解するのも、どちらも誤りなのです。この峻別の基準については、スタニスラフ・グロフの研究が参考になります。

神秘体験も、精神病的体験も、自己と他者を隔てる境界が緩くなったり、崩壊しているという点で共通しています。この境界のことを、自我境界（ego boundary）といいますが、自我境界が機能しなくなると、他者の想念や感情が自分に流入してくるように感じたり、自分の想念が他者に漏洩していると感じられたりします。精神病の場合には、流入したり漏れたりする想念がネガティブなものであるのに対し、神秘体験の場合にはポジティブなものが含まれていたり、比較的多いという特徴があります。解離性障害と呼ばれる病の場合には、心の統合が失われ、自分の中でいくつもの人格がばらばらに活動してしまうことがあります。

精神病的な状態も、神秘体験が継続的に起きている状態も、どちらも自己と非自己の間が筒抜けに近いので、非常にデリケートな状態にあります。そのようなときには、安全な時間と空間、そして受容的な関係性によって守られることが重要になります。

スピリチュアル・エマージェンスというのは、脱皮のようなものだと私は思います。古い自己が死に、新しい自己が生まれるということです。このような死と再生は、実は、日々、毎瞬間に起きていることなのですが、時折、節目となる大きな心の変容が起き、それに自分や周囲の理解が追いつかないときは、危機に陥るのです。危機の時には、落ち着いて状況を観察すること、乱暴な解釈をしないこと、そして呼吸法、ヨーガ、ストレッチ、シンプルな運動など、さまざまな身体技法（ソマティクス）を実践することも役立ちます。静かな自然の中など、安全でくつろげる場所で、のんびりと時間を過ごすことも有益です。人間誰しも、変化し続ける存在ですから、不安定な状態になることは避けられません。不安定なときには、よく観察し、よく理解することが大切です。その理解のために、トランスパーソナル心理学は役立つ知識を提供してくれるのです。

（17）偽りの霊性

これまで、トランスパーソナル運動のよいところを中心に述べてきましたが、課題にも目を向けてみましょう。それは、この運動の特色である、異質なものへの寛容さや、自由な発想の尊重という長所と表裏一体にあるのですが、「誤った見解がはびこりやすい」ということです。仏教的にいえば、邪見《じゃけん》が淘汰されにくいのです。ひとたび邪見が正当化されれば、それが自己愛、名誉、金銭的利益、興味本位な欲望などに利用され、ますます妄想が拡大される危険性があるのです。

特に、サブ・カルチャーとしてのニューエイジや精神世界に心酔する人々の中には、現実的な問題から逃避するために、安易な癒しを求めて、スピリチュアルなものにすがるということがしばしばみられます。劣等感やコンプレックスを克服するために、現実的な努力をせずに、耳障りのよいスピリチュアルな言葉を信じて、苦しみから逃避しようとする場合もあります。スピリチュアルな言葉で自分を正当化したり、意味の無い出来事に大げさな意味を見いだしたり、自己中心的な物語をつくりだして自己を神聖化するなど、自己愛的な虚構の世界を構築してしまうのです。これを自我肥大（ego inflation）といいます。自我肥大を起こすと、実際は努力不足や実力不足で問題が起きているのに、やるべきことをせずに、現実を見ずに、私は宇宙的な使命を背負っている、人類の意識進化のために戦っている、悟りを開いている、霊性が高いから迫害されているなど、都合のよい自己愛的・誇大的な妄想に逃げ込むのです。これらは明らかに「偽りの霊性」（false spirituality）であり、心理的、社会的にさまざまな問題を引き起こします。

間違った見解にしがみついている人たちを、現実の世界に連れ戻すのは簡単なことではありません。どんなに荒唐無稽な見解であっても、一度邪見を信じてしまうと、本人が手放そうとしない限り、救い出すのは困難です。偽りの霊性は、非常に危険な落とし穴であるといえます。カルト宗教は集団で組織的にマインドコントロールしますが、スピリチュアルな偽りの霊性を信じる人は、自分で自らをマインドコントロールして自己陶酔しているようにみえます。そのため、わたしは彼らを「一人カルト」と呼んでいます。カルトへの入信者と同様に、「偽りの霊性」に陥るのは、知的な能力の低い人というわけではありません。ＩＱが高いと思われる人、高学歴な人、社会的地位のある人、裕福な人にもしばしばみられます。学歴、収入、地位の有無と、真実を見抜く能力は無関係なのです。むしろ、既存の知識を習得して高学歴・資格・高収入を手にする能力は、本質的な思考力を証明するのではなく、場合によっては、決められた思考回路以外では思考停止してしまう習癖と相関しているのです。

偽りの霊性のなかでも、自分自身で苦しむだけではなく、他者に迷惑をかけるものを特に攻撃的霊性と呼びますが、その具体的な行動の例を以下のようなチェックリスト（表1）として作成してありますので、参考にしてみて下さい。

表１　攻撃的霊性の行動チェックリスト（石川勇一、2014）

□ 高い霊性の持ち主として自分が特別扱いされることを望む。
□ 自分は他人より霊性が高いということを証明し、誇示しようとする。
□ 高い地位の指導者、有名なメソッドや流派、聖地などの外的権威に頼る。
□ 権威を攻撃して蹴落とすことによって自分の価値を高めようとする。
□ スピリチュアルな体験談や考えを頼まれていない人にも話したがる。
□ 他人の関心や尊敬を集めたり、他人を支配することを密かに目的として、スピリチュアルな教えを説く。
□ 他人の間違いを指摘したり、アドバイスをしたがる。
□ 他者の心身の状態や出来事について、その解釈、原因、解決法などを、直観と称して自信満々に断定的に伝える。
□ 困難に直面すると、周囲の人の霊性が低いためであると解釈する。
□ 周囲の人々にいつも迫害されていると感じている。
□ 自分のなかの怒り、憎しみ、悲しみ、嫉妬、劣等感などの否定的感情を認められず、他者に投影または投影性同一視し、被害的または攻撃的になる。
□ 自分が苦しみを被るのは、自分に問題があるのではなく、周囲の人の苦しみを背負っているためであると解釈する。
□ 他人を見下しているので、他人から素直に学ぶことができない。
□ 自分の隠されたプレ・パーソナルな欲求を満たすために、権威あるポジションを欲しがる。
□ 霊性が高い自己を演じるために、愛情深く、謙虚であるなどの仮面をつくり、慇懃無礼な態度をとる。
□ 自分の直観や感覚を絶対化し、なすべき合理的な検証や努力を怠る。
□ なすべき現実的なことから逃避するために、スピリチュアルな世界に浸っている。
□ 増長したエゴの声を聖なる直観と取り違えている。
□ 自分の直観、感覚、感情、思考で一杯になり、他の視点に立って考えたり、冷静に検証することができない。
□ 人の眼のないところでの地道な努力をしない。
□ 人間関係のトラブル、体調不良、災難などにたびたび見舞われる。
□ パワーゲームに勝ち、優位に立つために、つねに対抗心を燃やし、自分が他者よりも霊的に発達していることを暗に示すことに余念がない。
□ 他者の霊性の高さを値踏みしたり、発達の度合いを独断で診断する。
□ 素直さや謙虚さを装っているが、自分の弱さや欠点、偽りを認識することができない。
□ 表面を取り繕うことには熱心だが、実質的な緻密さや深さに欠ける。
□ 一時的な評価を得ることがあっても、長期的には信頼されない。

偽りの霊性についてさらに関心のある方は、拙著『スピリット・センタード・セラピー：瞑想意識による援助と悟り』（せせらぎ出版、二〇一四）の第五章で論じておりますので、こちらをご参照いただければ幸いです。

（18）スピリチュアリティと時代の変化　ロマンから実利へ

トランスパーソナル運動は、探究心のある人を寛容に育てたり、スピリチュアリティという視点によって純粋な宗教性や人間の全体性を回復するなどの貢献があり、今なお存在意義があると思います。しかし、先述の通りトランスパーソナル系の学会は日米とも下降期に入っています。それは時代の変化もあると思います。トランスパーソナルが日本に入りはじめた一九八〇年代から九〇年代前半は、経済的にも右肩上がりで、国民はまだ未来への明るい希望をもちやすい時代でした。当時は、米国西海岸の陽気なカウンター・カルチャーとも比較的相性が良かったのかもしれません。しかし、バブル崩壊後、日本経済は沈滞し、オウム事件が起こり、国際的にテロが頻発し、格差が拡大し、超高齢化社会に突入し、国家財政は逼迫し、大規模な自然災害や原発事故が起こり、若者は夢を持ちにくくなり、多くの人々は現実的な問題に対処し、生活を維持するのに手一杯になりました。そうなると、「本当の自分」とか「スピリチュアル」といういわば夢のようなロマンを追う時代精神ではなくなってきているように思います。大学の学問も、すぐに実用的な成果が出る研究が重視されるようになり、将来収入を見込める国家資格を取得できる学科が学生の人気を集めるようになり、大所高所から本質を探究するような学問が軽視される趨勢にあります。

トランスパーソナルな体験や成長は、決して単なる夢ではなく現実であり、人間の心の成長にとって非常に重要なテーマなのですが、実際にそのような体験をする人は少数派であり、トランスパーソナルな体験がない人々にとってはそれは無いに等しく、まして目先の実利を求める社会風潮においては、スピリチュアリティは認知され難いという根本的な課題もあるように思います。

(19)第四次産業革命とスピリチュアリティ

テクノロジーの発展とスピリチュアリティの関係にも目を向けてみましょう。トランスパーソナル運動が誕生した一九六〇年代と今日では、時代の空気だけではなく、物理的な生活様式も大きく変わっています。六〇年代は、パソコンもインターネットも携帯電話もない時代でした。それから半世紀以上の時を経た今日では、第四次産業革命とも呼ばれるテクノロジーの刷新によって、世界的に大変革の時代を迎えています。

簡単に歴史を振り返ってみましょう。一八世紀中葉から一九世紀初頭に英国ではじまった第一次産業革命は、石炭を利用した蒸気機関の発明によるエネルギー革命でした。人手によって営まれていた多くの産業が機械化され、軽工業が急速に発展し、それにともない資本主義社会が確立しました。

一九世紀末から二〇世紀初頭になると、電力による機械製品や石油による内燃機関の発明によって、重化学工業が爆発的に発展し、モノの大量生産が可能になり、交通や輸送手段も多様化しました。これが第二次産業革命と呼ばれています。

第三次産業革命は、私たちの多くが実際に目撃し、経験しています。一九九〇年代からパーソナル・コンピューターが普及し、インターネットの網が世界中に張り巡らされました。手作業でこなしていた仕事の多くがコンピューターに取って代わられ、自動的に速く正確に処理できるようになりました。インターネットに接続すれば、パソコンの画面を通じて世界中の情報を得たり、コミュニケーションができるようになりました。今ではスマートフォンなどのモバイル端末でネットに繋がれるようになり、発展途上国でもスマホを持つ人が多数派になりました。ネットでの検索や買い物も隅々まで普及し、産業や生活が大きく変わりました。第三次産業革命はこのような情報革命だったのです。

第四次産業革命は今まさに起きているといわれる新たな技術革命です。深層学習によって自律的に進化するＡＩ（人工知能）を筆頭に、ＩｏＴ（Internet of Things：モノのインターネット）、量子コンピューター、ビッグデータ、バイオ・テクノロジー、ＶＲ（virtual reality：仮想現実）、ドローン、自動運転、３Ｄプリンター、ブロックチェーン、暗号通貨、等々、多くの革新的技術によって私たちの日常生活はこれからも加速度的に変化していくことでしょう。これらの技術はひとつひとつが革新的であるだけではなく、相互に有機的に結びつくことによってＳＦかアニメのような世界を次々と実現してゆくと思われます。こうして第四次産業革命は急速に進行していますので、未来の社会を予測しようとすると眩暈がしそうなほどです。

このように人間は、四度にわたる産業革命を通じて、想像したことを次々と現実化してきました。今後の技術革新の可能性も無限に広がっており、人間界が天界に近づいているかのようです。スピリチュアル好きの人々のなかには、こうしたテクノロジーの進化をみて、人類の意識が惑星レベルで次元上昇しているなどと信じている人たちもいます。

（20）テクノロジズムの影　戦争・核・環境破壊

しかし、産業革命の正の側面だけではなく、負の側面にもしっかりと目を向ける必要があります。第一次産業革命と第二次産業革命、すなわち蒸気機関、内燃機関、電動機器の発明は、生活を便利にしただけではなく、軍事兵器や輸送手段も格段に進化させたため、効率よく人を殺すことが可能になり、二度にわたる世界大戦では未曾有の大量殺戮が現実となったのです。

核開発技術も深刻な問題を引き起こしています。一九四五年には、日本の広島と長崎に原子爆弾が米軍によって投下されました。第二次世界大戦によって、日本人だけでも三〇〇万人以上が死亡、世界ではおよそ七〇〇〇万人以上の人命が失われました。七〇年以上経った今でも、心身の後遺症に苦しみ続けている人がいます。

二〇一一年に起きた福島の原子力発電所事故も、未だに収束への道が見いだせていません。テクノロジーの進化とそれへの過信が招いたといっても過言ではありません。ローマ法王はこの事故を受けて、原発はバベルの塔であると発言しましたが、確かに原発事故は人間のつきることのない欲望と傲慢さの象徴であるようにも思えます。そしてそのことに対して日本国民が自覚と反省ができているようには残念ながら見えませんので、さらなる大惨事が繰り返されないという保証はありません。

二〇一二年にブラジルで開かれた地球サミットに縁があって私は参加したのですが、そこで出会ったブラジルの方に、日本は三度も被爆しているのになぜ核を手放さないのか、と問いかけられたことが忘れられません。私は咄嗟に、「日本人は欲深いので、人の命や環境よりも、お金や便利さが好きなのだと思います。恥ずかしいことだと思います」と答えました。地球の裏側に住むブラジル人が、広島、長崎、福島のことをとても詳しく知っていて、解決方法を真剣に考えていることに衝撃を受けました。

二〇一七年には、国連で一二二の国と地域の賛成多数により、核兵器禁止条約が採択され、その主導的役割を果たした国際NGO「核兵器廃絶国際キャンペーン」(ICAN)はノーベル平和賞を受賞しました。残念ながら日本は米国などと共に参加せず、多くの被爆者や遺族から怒りと疑問の声が上がりました。

国境を越えた地球規模の環境問題も年々深刻化しているように見えます。これまでの経験が通用しないような台風、大雨、酷暑、寒波が毎年のように襲うようになり、さらには大地震や津波、火山噴火なども相次ぎ、死傷者や被災者の様子がたびたび報道されています。その他にも、森林の減少、砂漠化、氷河の減少、酸性雨、生物種の減少、資源の枯渇、有害化学物質による土壌・海洋・大気汚染、廃棄物の垂れ流し、ゴミ問題など、どれをとっても非常に深刻です。このような問題は、過剰な生産、消費、廃棄など、人間の活動が大きな要因であり、科学者たちによる警鐘が鳴らされ、国際的な環境に関する会議も繰り返し開かれています。しかし、解決策の多くは経済活動を抑制するため、結局、実行されるのはほんの一部分に限られ、自然環境破壊は食い止められず、深刻さは増す一方です。残念ながら人類は地球環境にとってのがん細胞のような存在になっています。人類は愚かにも、命よりもお金が大好きなのは明らかです。札束を握ってあの世に行けるとでも思っているかのようです。このままでは、環境問題を解決するもっとも現実的なシナリオは、人類が滅びること以外にないという状況に陥るのではないかと私は危惧しています。

（21）日本的霊性と精神的貧困

国際的に名高い禅僧であり仏教学者であった鈴木大拙は、終戦直前の一九四四年に『日本的霊性』という書物を著しています。この本は、世界でも最早期の霊性（スピリチュアリティ）研究の書でもありますが、そのこと以上に、戦後の日本を憂いて大局的な視点から書かれたということが重要です。つまり、当時の多くの知識人同様、米国に敗戦することを確信していた鈴木大拙が、終戦後の日本人の精神的崩壊を防ぎ、国家神道に変わって心を支えるものとして、「日本的霊性」という聞き慣れない言葉でそれを表現したものなのです。当時の時代状況で検閲されないぎりぎりの表現で未来の日本人の心を支えようとしたのです。

しかしながら七〇年後の現実は、鈴木大拙が憂いたとおり、日本人の価値観は、米国的な自由、平等、民主主義という価値観がある程度浸透した一方で、際限のない欲望主義に足をすくわれ、快楽、金銭、権力、承認への尽きることのない欲求に呑み込まれ、救いがたい状況に陥っているようにみえます。欲望を貪ること以外に価値を見いだせない卑しい心が蔓延し、精神的貧困に陥っているのが今日の現状であるように思われます。

（22）宗教カルトとニューエイジの跋扈

バブル経済に沸いたと同じ時期に、オウム真理教のような反社会的な宗教カルトが跋扈したり、ニューエイジのような理想郷的なサブ・カルチャーが流行するのは、このような醜悪な欲望主義と合わせ鏡になっているようにも思われます。つまり、欲望主義に支配された節度のない社会に絶望したり、嫌悪した人々が、カルトやニューエイジの清らかにみえるメッセージに希望を見出したのではないかと考えられるのです。しかしながら、カルトやニューエイジの希望に満ちたメッセージとは裏腹に、それによって実際に幸せになる人はいなかったのです。一歩そこに足を踏み込んでみれば、実は看板を変えただけの欲望主義に他ならないからです。彼らは、自分たちが神に近い、悟っている、波動が高い、次元上昇の使命を担っている、などのメッセージに自己愛をくすぐられ、きらびやかな言葉に心酔します。しかし、幸せなのは夢を見て陶酔できている刹那の間だけで、現実はまったくその通りにはいきませんから、やがて矛盾が無視できないほど露呈し、大きな苦しみに襲われるのです。

彼らは、もともとは善意の人であることが多いのです。善いことを実践することはもちろん善いことですが、それが本当に善いことなのかを十分に検証しなければなりません。単純な心地よい言葉にすがり、感情の赴くままに行動してしまっているため、落とし穴に落ちるのです。妄想的なメッセージは、正しいかどうかの検証のしようがない内容も多いのですが、ただ聞いていると快感を感じるというだけで、そのメッセージを信じ込んでしまうのです。その結果として、「地獄への道は善意で舗装されている」という欧州のことわざの通り、善い方向に進むつもりが、実際には悪い方向に進んでしまうのです。厳しい言い方をすれば、善なるものを志向しながらも、現実を直視せず、熟考せず、心地よい幻想にしがみつき、間違った見解を信じ、精神的な快楽を貪った結果として、問題が生じ、苦しみを増大させてしまっている場合が多いのです。安易なスピリチュアルな言説は、このように地獄行きの切符であることがあるので、峻別する能力を磨くことが必要になります。

（23）テクノロジーでは満たされない心

二一世紀に入り、テクノロジーがSF並に便利な社会をつくり出している一方で、戦争、紛争、テロ、格差、貧困、差別、飢餓という絶対的な不幸は現在もなくなっていないどころか、悪化しているものさえあります。核兵器や生物化学兵器などの非人道兵器も着実に進歩を遂げ、独裁国家やテロリストさえこれらを開発しようとしています。国境を越えたサイバー攻撃も二四時間休まることがなくなり、見えない戦争がすでに起きているという見方もあります。

グローバルに席巻する資本主義というシステムは、人々の欲望をかき立て続け、経済的格差はますます拡大し続けています。フランスの経済学者トマ・ピケティは『21世紀の資本』という大著において、資本主義社会においては、努力して労働するよりも、資本をもつものの方が富を増幅できるという事実（資本収益率R＞経済成長率G）を明らかにし、一時期世界的な話題となりました。現在も有効な対策を打てないまま、富の偏在化がますます進行し、経済状態においていわゆる「勝ち組」と「負け組」が二極化する気配がグローバルに広がり、多くの不満や苦しみの声が鬱積し、世界各地で右傾化がみられるようになりました。

便利で衛生的で治安がよいと評価される日本社会ですが、「はじめに」で数値を示したとおり、自殺率は先進国のワースト上位で高止まりし、心の病も増加して精神病院やメンタルケアの施設は多忙を極めるばかりです。便利な社会になった一方で、人々のコミュニケーション能力が退化しているという指摘も一理あるでしょう。

超高齢化社会を迎えて老病死の苦しみが消えることもありません。近代医療の進歩によって平均寿命は延びましたが、健康寿命はそれよりも短いので、不自由な身体で長年生き続ける苦痛も増し、延命技術が進歩したことによって、尊厳を保って自然に死ぬことも容易ではなくなりました。

結局のところ、テクノロジーは生活を便利にしますが、それによって心の苦しみや生きる苦しみを取り去ることはできないということです。苦しみの根本的な解決のためには、テクノロジー以外のものに目を向けなければならないのではないでしょうか。

このように、相次ぐ産業革命のもたらした功罪を過不足なく眺めるならば、軽々しく進化したとか、幸福が増大したとはいえないことがわかります。

ケン・ウィルバーのインテグラル理論によれば、人間の内面と外面は相互に対応しながら、それぞれが進化していくということですが、それは果たして本当なのか、考え直す必要があるように思います。物質世界を操るテクノロジー（外面）が進化することによって、私たちの内面はそれにともなって進化している証拠があるでしょうか？　むしろ外界の進化にともなって心は退化してはいないでしょうか？

このように四次に渡る産業革命の大波は、必ずしも心の豊かさや幸福をもたらしていないことが明らかになりつつあります。内面と外面がともに進化するという理論は夢を与えますが、必ずしも現実とは合致していません。進歩の偉大さを否定することはできませんが、心の満足や成長ということは、必ずしもテクノロジーの進化とは連動しない別のカテゴリーの出来事であると思われるのです。

（24）苦しみへの根本的な洞察

そもそも、心の成長、スピリチュアリティの成長とは、内面の世界のことであり、物質の世界とは別カテゴリーです。内面と外面は、互いに影響は与え合いますが、つねに歩調を合わせるとは限りません。それどころか、物質的に豊かで、刺激が豊富な環境は、つねに衝動や欲望などの心の反応（仏教でいうサンカーラ saṅkhāra）がかき立てられ続けるものであり、騒がしく、苦しみを産む世界なのです。便利で快適な世俗世界は、煩悩にとって居心地がよい世界なので、煩悩がもたらす苦しみが必ずやってきます。煩悩から離れた清らかな幸福を手に入れようとする人にとっては、物質的に豊かすぎる環境は、罠が多いということでもあるのです。

欲望を満たすことが容易になった世界では、多くの人々の欲望が肥大し続けてしまい、満たしてもすぐに心は渇いてしまい、やがては欲望の儚さと空しさを味わうことになります。便利で豊かなのに、ますますイライラする、という逆説的な現象が起こるのです。

私たちは便利で豊かな時代に生きていますので、欲望を満たそうとし続けることの空虚感を味わうことが容易にできるのです。そこから、欲望自体に苦しみの原因があるのではないか、そうだとすれば欲望から離れたところに真の幸福があるのではないか、という洞察を得ることができるかもしれません。そうだとすれば、それは非常に重要な洞察になります。

社会で一生懸命努力を積み重ね、時代の最先端に到達して勝ち組と誇ってみても、少し油断すればあっという間に後から来た人に追い越され、時代に取り残され、脱落していきます。勝ち組になった人も、その優越感を満たすポジションを維持するために、つねに緊張を強いられており、心が安らぐ暇がありません。

最新のテクノロジーが駆使された商品を手に入れても、その喜びや満足はほどなく色あせていき、新しい商品が出るとそちらに目移りしていきます。これだけモノや情報が豊かになっても、それらをどれだけ獲得したとしても、すぐに古くなり、心の満足は一時的なものにすぎず、すぐに消え去って行くのです。こうした刹那的な快楽を追い続けること自体、無意味なことだと気づけるでしょうか。

高度なテクノロジーがあるからこそ、いまだかつてない情報化社会であるからこそ、真理を求めることも、修行をすることも、本人が真剣に求めさえすれば、ずっと容易になりました。しかし、欲望を満たすことに忙しすぎて、欲望を満たすゲームの中毒になっているので、そのような真理の道を選択する人は滅多にいません。求法心よりも世俗的な欲望を優先し、限りない情報や快楽に身をまかせているうちに、人生ははかなく終わってしまうでしょう。テクノロジーの進化にあやかって揺るぎない幸福を得ようというのは、幻想ではないかと思うのです。

第四次産業革命の只中にいる私たちがその環境からもっとも学ぶべき重要なことは、その技術の進歩や膨大な情報の中にあるのではありません。この止まらない変化の渦のなかで生きながら、欲望のむなしさを理解し、無常を悟り、外部の世界には究極の安らぎはないことを悟るべきではないでしょうか。外界の騒がしさから離れて、自らの身体と心を静かに観察し、本当の幸福とは何か、究極の幸福とはなにか、真剣に考えることが必要なのだと思うのです。

(25)結語　スピリチュアリティの可能性と限界

スピリチュアリティとは、宗教・組織・文化・歴史等を脱コンテクスト化し、純粋な宗教性を浮かび上がらせ、前近代の霊的コンテンツを超近代に変換して普遍化し、東と西を結びつけ、物質的要素に分解された人間の全体性を回復し、実存的な体験を包含します。スピリチュアリティは、近代主義を超え、抗フラットランド作用をもち、この世とあの世の境界を突き抜け、二元論を超克して非二元に回帰しようとする、縦横に越境的な働きをもった言葉です。スピリチュアリティを早くから主題としたトランスパーソナル心理学は、寛容で開放的な西海岸の文化のなかで育ち、既存の心理学を超えて、学問の垣根も越えて、人間の心の無制限の成長可能性を追求しました。スピリチュアル・エマージェンスを正常な体験として理解する研究によって、そのような人々の心を理解し支えることが可能となりました。

一方で、スピリチュアルな領域には、偽りの霊性という落とし穴がついてまわります。落とし穴に墜落すれば、真正な自己超越とは反対に、自我肥大や自己愛が増大し、我執による病的な苦しみを増す危険性があります。スピリチュアリティの研究は、このような偽りの霊性を正す役割があるのではないかと思います。夢と希望をもたらすロマンのある理想論も、現実を伴わなければ人々の心から離れていく時代へと変化してきています。

スピリチュアリティやトランスパーソナル心理学は、一般的な心理学よりも遙かに拡大された視野をもち、究極の「悟り」も理論的に捕捉してはいますが、第1章の最後（第21節）で述べた心理学の限界と同様、究極の苦しみからの解脱を、方法論を伴った実践論として扱えているのか、疑問が残ります。スピリチュアルな諸伝統では、非二元が最終ゴールのように考えられることがありますが、仮に非二元のワンネスを体験したとしても、それは一時的な状態に留まり、苦しみの根絶にはなりません。そもそも、非二元に至る信頼のできる方法論が確立されているわけでもありません。なんらかの方法によって、または偶発的に、非二元的な世界に到達したとしても、永遠に非二元に留まる方法論がありません。ということは苦しみを滅ぼすことはできないということです。このようなことを考えると、スピリチュアリティという言葉で表現される非常に多くの体験や思想のなかにも、悟りに至る現実的な道を見いだすことはきわめて困難なのではないかと思われるのです。次章で紹介する原始仏教の視点を先取りしていうと、スピリチュアリティもそのほとんどは世俗世界に属する世間法（パーリ語でいうロキヤ・ダンマ lokiya dhamma）であって、完全な悟りに至る出世間法（ロクッタラ・ダンマ lokuttara dhamma）を十分に備えていないのです。

第3章

原始仏教

涅槃へ至る智慧と実践の巨大な体系

（1）原始仏教とは

心の苦しみを取り除き、心を救うことができる方法をもとめて、第3章では、原始仏教を尋ねてみます。単なる仏教ではなく、わざわざ原始仏教としているのは、もちろん大きな意味があります。日本で歴史的に根づいてきた仏教の宗派はいずれも大乗仏教ですが、大乗仏教と原始仏教とは、かなり異質だからです。原始仏教とは、今からおよそ二五〇〇年前、ゴータマ・ブッダが自ら法（ダンマ dhamma：真理）を説いていた時代から、ブッダの直弟子たちが生きて活動していた頃までの初期の仏教を指します。その頃は、ブッダの教えがほぼ変更されることなくそのまま伝達されていたと考えられています。原始仏教は、初期仏教または根本仏教と呼ばれることもあります。

（2）上座部仏教と大乗仏教

もう少し詳しくみてみましょう。ゴータマ・ブッダが八〇年の生涯を閉じ、亡くなられてからおよそ三ヶ月経った頃、阿羅漢果《あらかんか》という完全な悟りを得た比丘（ビク bhikkhu：出家して修行する僧侶）五〇〇人がラージャガハという場所に一堂に会して、ブッダの正しい教えである法《ダンマ》が皆で確認され、全員で合誦《ごうじゅ》されました。この集まりは第一結集《けつじゅう》と呼ばれています。第一結集によって確認されたブッダの教えが、当時西インドで使われていたパーリ語でまとめられたものがパーリ仏典、あるいは原始仏教経典（原始仏典）と呼ばれています。結集後、文字に記録されたのは四、五〇〇年後と考えられていて、その間は口誦で伝承されていましたので、改変や遺失もあったと考えられています。その辺りの細かい文献学的議論はありますが、それにしても原始仏典は、ブッダが実際に説いた内容にもっとも近い書物であると考えられています。したがって、本書でいう原始仏教とは、パーリ語で書かれた原始仏典から読み取れるブッダの教えに基づいた内容ということになります。原始仏教で用いられる重要なキーワードに関しては、同じパーリ語でも訳者によって日本語訳が異なっている場合や、同じ日本語でも原語のパーリ語が異なっている場合がありますので、括弧内にパーリ語も記すことにします。

仏滅の百年後には、ヴェーサーリーという場所に七〇〇名の長老（テーラ thera：僧団〔サンガ〕で比丘たちを指導する立場にある修行僧。上座とも訳される）が集まり、第二結集が開かれました。そのとき、戒律を巡って論争が起こり、ブッダの教えを厳格に守ることを主張する少数派の上座部と、状況に応じて改めるべきとする多数派の大衆部に分裂します（根本分裂と呼ばれます）。このときの根本分裂の後、一枚岩であった僧団（サンガ saṅgha）は、次々に分裂を繰り返し、多数の部派に分かれていきます。

教えを忠実に守った上座部は、パーリ仏典を唯一の経典とし、驚くべきことに、ブッダの教えとそれに基づく修行を二五〇〇年間ほぼ変えることなく今日まで守り続けてきたと考えられています。地理的には、スリランカ、ミャンマー、タイ、ラオス、カンボジアなどの東南アジア諸国で受け継がれてきました。したがって、上座部仏教は南伝仏教とも呼ばれます。現存する仏教のなかでは、上座部仏教がもっとも原始仏教に近いといえるでしょう。

大衆部の流れは、やがて大乗仏教となり、仏滅後少なくとも三〇〇年程度経った頃からおよそ一四〇〇年間にわたって、膨大な量の新たな経典を創作しました。これを大乗経典と呼びます。大乗経典でも原始仏典の形式を継承し、「このように私は聞いた（如是我聞）」という書き出しではじまるものが多いのです。実際には、仏滅後三〇〇年以上経ってから創られたものなので、ブッダから直接聞いた内容ではなく、非常に多様な思想が大乗経典に盛り込まれていきました。そういう意味では、大乗経典は、仏教文学のようなものだといわれることがあります。さらに、大乗経典の内容はブッダの教えとは異なるため、「大乗非仏説」といわれることがあります。

インドでは上座部仏教よりも大乗仏教が広がり、やがて呪術や祈祷などを取り入れた密教が台頭し、ヒンドゥー教に呑み込まれるようにしてその後滅びていきます。インドで途絶えた大乗仏教は、北方の中国や朝鮮に広がり、日本にも伝わりました。そのため、大乗仏教は北伝仏教とも呼ばれます。

（3）ブッダの教えが日本に到達

日本では、六〇四年に聖徳太子が制定した十七条憲法に「篤く三宝を敬へ。三宝とは仏・法・僧なり」（第二条）と書かれ、今から一四〇〇年も前に国の中心に仏教が据えられたのです。その後、紆余曲折を経ながら、大乗仏教が日本社会に根を下ろし、その結果、今日でもたいていの街にはお寺があるのです。文化庁の『宗教年鑑平成二十九年度版』によると、現在、日本には一五七の仏教宗派があり、七万七二〇六カ寺の寺院があり、三四万五九三四人の僧侶がいるということです。寺院の数はコンビニの軒数をしのぐといいますから、大変な数です。主要な宗派を大きく分類すると、奈良仏教系、天台系、真言系、浄土系、禅系、日蓮系の七系列に分けられます。

一方、上座部仏教が保存していた原始仏典が日本に本格的に入ってきたのは明治以降といわれます。高楠順次郎らが律蔵、経蔵、論蔵の翻訳に取り組み、格調の高い訳書が一九四一年に全六五巻、七〇冊の出版が完結しました。しかし、当時の国家神道が強制されていた時代背景や、原始仏典に基づいた修行をする僧侶が誰もいなかったことから、経典の翻訳はごく一部の人にしか影響力をもちませんでした。原始仏典の現代日本語への翻訳は、現在も複数の訳者によって作業が進められている最中で、大蔵出版と春秋社から随時発刊されています。

経典だけではなく、今日では、原始仏典に基づいた修行をしている上座部仏教の比丘が来日して、指導を行う機会が増えてきました。ミャンマーのウ・ウェープッラ長老や、スリランカのアルボムッレ・スマナサーラ長老など、出家した比丘が日本に長期間滞在して、ダンマを説き、指導を行うことによって、深く理解する日本人が現れ始めています。

つまり、大乗仏教が広がっていた日本に、日本の歴史上はじめて、ブッダのオリジナルの教えに近い原始仏典を普通の日本語で読むことができ、その気になりさえすれば、実際に出家した比丘から直接指導を受けて修行することができる環境が生まれはじめているところなのです。およそ二五〇〇年前に根本分裂した大乗仏教と上座部仏教が、日本においては今日はじめて出会い、これからどうなっていくのか、まだ予測がつかない状況なのです。

（4）原始仏教は哲学、学問、形而上学ではない

とはいえ、原始仏教の内容を知らなければ、それが伝わってきていることの意味はあまり理解できないでしょう。ブッダの教えをよく理解するためには、原始仏典をよく読み、ブッダの説かれたダンマについて熟考し、そして修行の実践をして自ら確かめていくことが必要です。本書ではそのイントロダクションとして、原始仏教の特徴をいくつかピックアップしてみたいと思います。

まずはじめに、原始仏教は、徹底的に実践的な教えであり、哲学ではないという特徴があります。ブッダは、心を清らかにして、苦しみをなくすことに役立たない問いには、解答しなかったのです。原始仏典のお経には次のような話が伝えられています。

マールンキャープッタという比丘が、ブッダのところに行って、世界は常住か無常か、世界は有限か無限か、霊魂と肉体は同じか異なるか、生命は死後存在するか存在しないか、ということを尋ねました。しかしブッダはそれに解答せず、たとえ話をはじめました。毒矢に射られた人がいて、誰がこの矢を射たのか、射た弓、弦、矢柄、矢がどのようなものか分からない限り、その矢を抜かせない、といったならばどうなるだろうかと。それを

知ろうとしているうちに、毒が回り、その人は死んでしまうだろうといいます。続けて、ブッダは解答しない理由を次のように語ります。

なぜならこのことは目的にかなわず、清らかな行いの基礎とならず、(世俗的なものを) 厭離すること、情欲から離れること、(煩悩を) 消滅すること、こころの平静、すぐれた智慧、正しいさとり、涅槃のために役立たない。それゆえわたしはそれを説かなかったのである。

マールンキャープッタよ。『これは苦である』とわたしは説く。『これは苦の生起する原因である』とわたしは説く。『これは苦の消滅である』とわたしは説く。『これは苦の消滅に導く道 (実践) である』とわたしは説く。

マールンキャープッタよ、なぜそれをわたしは説くのか。マールンキャープッタよ、なぜなら、このことは目的にかない、清らかな行いの初歩であり、(世俗的なものを) 厭離すること、情欲から離れること、(煩悩を) 消滅すること、こころの平静、すぐれた智慧、正しいさとり、涅槃のために役立つ。それゆえわたしはそれを説いたのである。

——MN63「箭喩経《せんゆきょう》」浪花宣明訳

このブッダのことばに、すべての原始仏教の目的が込められています。つまり、正しい悟りという目的につながらないことは、ブッダは説かなかったのです。無駄話を仏教では綺語《きご》といいますが、修行者は綺語を戒律で禁じられています。私たちのような普通の人間は、正しい悟りについて真剣に考えることは滅多にない代わりに、悟りとは無関係などうでもよい噂話は大好きです。これは人間が無智という根本的な煩悩に犯されていて、なおかつそれに無自覚なことの表れなのです。

私たち人間は、煩悩という矢が刺さって苦しんでいるようなものであり、世界は有限か否かなどという形而上学的な問いに取り組んでいる間にも、毒矢の毒が身体に回り、考えている間に死んでしまうのです。ブッダは苦しみの滅尽に役立たない形而上学的な問いには解答せず、苦しみの滅尽に実際に役立つことのみを説き続けたのです。これが、原始仏教の最大の特徴のひとつだと思います。

ここでは、マールンキャープッタに、役立たない問いに答える代わりに、苦しみの滅尽に役立つ必須の知識である、四聖諦《ししょうたい》を説いたのです。

このように、無用な論争を避け、不毛な問いに沈黙を守ることを無記《むき》といいます。ブッダは無記によって、もっとも重要な目的に意識が向けられるように軌道修正したのです。

重要な目的に向かうためには、まずはじめに四聖諦をよく理解して、正しい見解をもつことが出発点になるからです。このように、原始仏教は頭で考えるだけの哲学ではなく、知的探究のための単なる学問でもなく、命あるものの最終ゴールへと一直線に向かう教えなのです。

ブッダはさらに、論争からも離れるようにと説いています。

> 論争の結果は（称賛と非難との）二つだけである、とわたしは説く。
> この道理を見ても、汝らは、無論争の境地を安穏であると観じて、論争をしてはならない。
>
> ——KN, suttanipāta 896, 中村元訳

論争は、心が慢心したり落ち込んだりするだけで、真理に至る道ではないため、論争に加わらないように教えているのです。悟りにつながらない事柄には、深入りしすぎず、執着せず、必要最小限の程度にとどめておくという教えなのです。

現代では、議論するのはよいことだ、新しいことにチャレンジするのはよいことだ、忙しいのはよいことだ、生産性が高いのはよいことだ、趣味がたくさんあるのはよいことだ、

人とたくさん合うのはよいことだ、などと考える人が多いように思われます。しかし、このような考え方には、なにがもっとも重要なことなのかという洞察が欠落しています。重要なことを認識すれば、重要でないことには関わらずに離れ、無駄なことをしない選択をすることができるのです。周囲に求められていることや、自らの欲望が求めることを追いかけている間に、気がついたら老いて死ぬ、というのが多くの人間の実際の姿ではないでしょうか。賢い人は、もっとも大切な目的を認識して、それにそぐわないことは「しない」という選択をして、目的に適ったすべきことを「する」と決めて、実行するのです。原始仏教の道とは、知的な学習だけではなく、選択と実行が不可欠です。ブッダは、もっとも賢い選択は、悪行為をなさず、善行為を行うことであり、脇目も振らず、怠ることなく修行をするようにと説いたのです。

（５）原始仏教は神話、呪術、邪見から離れる

原始仏典を読むと気づくのですが、神話がありません。ブッダのことばは、言語の違いから日本語では理解しづらいところは時折ありますが、基本的にどれも明快な言葉で、曖昧さがなく、理路整然としていて、神話的な表現で煙に巻くことがありません。複雑なた

とえ話をした場合には、後にそれぞれが何のたとえであるかはっきりと説明されています。

多くの宗教は、神が宇宙や人間を創造したなどの、さまざまな神話を経典に載せて、それを信じるようにと勧めています。しかし、ブッダの教えは、これらと正反対です。検証できないことを信じることは、妄想であり、苦しみを増やすと説くのです。むしろ、ヴィパッサナー瞑想（vipassanā bhāvanā：ものごとをありのままに観察する瞑想）によって、身体、感覚、心、諸々の現象をよく観察し、そこにダンマ（普遍的な性質）を発見することが悟りへの道の鍵だとされています。

原始仏典では、呪文を唱える、護摩《ごま》を焚く、占いをする、予言をする、などはすべて「無益な呪術」であるとして、修行者には戒律で明確に禁止されています（DN1「梵網経」ほか）。これも密教などをはじめ、諸宗教と大きく異なるところです。

ブッダは、誤った見解（ミッチャー・ディッティ miccā diṭṭhi：邪見）を信じ、執着する人には悪い果報があると説いています。原始仏典には、次のようなエピソードがあります。ある村の村長が、ブッダのところを訪れ、次のように尋ねます。「尊者よ、わたしは次のことを、昔から代々の戦士の師匠たちの言い伝えとして聞いております。『戦士というものは戦場で戦い努力するものだが、その戦い努力するものを他（の敵たち）が殺し処刑するならば、その（戦士の）身体は壊れ死後には楽しみをともなう天（倶楽天）のもとに生まれる』と。このことについて世尊（ブッダの尊称）はどう思われますか」。ブッダは、「村長よ、これはそのままにしておくべきである。これをわたしに質問してはいけない」と解答を拒みますが、村長は三度同じ質問を繰り返したところ、ブッダはようやく解答します。ブッダは、殺意をもって闘った戦士が殺されたならば、死後は地獄に生まれると述べ、次のように説きました。

『戦士というものは戦場で戦い努力するものだが、その戦い努力するものを他（の敵たち）が殺し処刑するならば、その（戦士の）身体は壊れ死後には楽しみをともなう天（倶楽天）のもとに生まれる』という見解があるならば、かれのその見解は邪見である。また、村長よ、わたしは説く。『邪見をもつ人は地獄か畜生のいずれかに行く』と。

——SN42「聚落主相応」山口務訳

村長はこの言葉を聞いて号泣します。代々の戦士の師匠たちに長い間、だまされ、偽られていたことを悟ったからです。その後、村長はブッダに帰依したということです。人間であれば、誤った見解をもつことはあると思います。宗教に限らなくとも、この村長のように、信頼する人から長年教えられていたり、学校の先生や権威のある人から教えられたりすると、よく考えることもなく、信じてしまうことはあるのではないでしょうか。科学者たちが「原発は絶対に安全です」といったり、医師が「この治療法で病気がよく治るでしょう」というのを聞いて、よく考えたり確かめることなく、頭ごなしに信じ込むことはよくあることではないでしょうか。これらは安全神話、病院信仰などといわれています。原始仏教では、このような、諸々の見解に対する理性のない頭ごなしの信仰を避けるようにと教えるのです。ブッダの教えが正しいとすれば、宗教、スピリチュアル、あるいは社会的な言説を信仰することは、それが間違っていた場合、大変な苦しみを招く危険性があるということになります。

（6）原始仏教における信

原始仏教においても、信（サッダー saddhā）がすべて否定されているのではなく、育てるべき重要な美徳の一つとして教えられています。しかし、ブッダの悟った究極の真理を信じなさいという教えではなく、それが本当かどうか、各人が自分で確かめたらどうでしょうか、という提案があるだけです。確かめる方法は、戒律を守り、瞑想に習熟して、現象を澄んだ心で観察して検証するのです。心が煩悩で濁っている状態では、ダンマは確認できないからです。原始仏教における信（サッダー saddhā）とは、理性的に澄みわたった理解に基づく確信や、自分ではっきりと観察・検証した結果の確信、そしてブッダ、ダンマ、サンガ（三宝）に対する信頼のことを指しています。ブッダは、多くの宗教のように、検証不可能なことを努力して信仰するということは勧めていないのです。またブッダを信じたからといって、ブッダによって救済されるということはなく、苦しみから解放できるのは、自分で八正道を歩むこと以外にないというのです。

汝らがこの道を行くならば、苦しみをなくすことができるであろう。（棘が肉に刺さったので）矢を抜いて癒す方法を知って、わたくしは汝らにこの道を説いたのだ。
汝らは（みずから）つとめよ。もろもろの如来（修行を完成した人）は（ただ）教えを説くだけである。心をおさめて、この道を歩む者どもは、悪魔の束縛から脱れるであろう。

――KN, dhammapada 275―276, 中村元訳

ブッダはあくまでも、悟りに至る方法を教えるだけというのです。神や聖者にすがることも勧めていません。よりどころとなり得るのは、自分自身とダンマだけなのです。

一方、ブッダは神々の存在を否定しているのでもありません。原始仏典には、神々、梵天、餓鬼など、人間以外のさまざまな有情（サッタ satta：命あるもの。衆生とも訳される）とブッダとの対話が非常にたくさん出てきます。しかし、そのような神々を拝みなさい、すがりなさい、信じなさいという教えはどこにもでてきません。原始仏教では、神々も悟った存在ではないのです。むしろ、修行が進んで心が浄らかになった人間は、自然と神々に羨まれるというのです。

> 御者が馬をよく馴らしたように、おのが感官を静め、高ぶりをすて、汚れのなくなったこのような境地にある人を神々でさえも羨む。
>
> ――KN, dhammapada 94, 中村元訳

一方で、神々や精霊に対して、ブッダは次のような説法をしてくれています。

> 昼夜に供物をささげる人類に、慈しみを垂れよ。

それ故に、なおざりにせず。かれらを守れ。

——KN, suttanipāta 223, 中村元訳

原始仏教は、神や仏に救いを求めて懇願せよという教えではなく、あらゆる有情に対して慈悲の念をもつことによって、心が清らかになり、自分自身も幸せになりますという教えなのです。

（7）原始仏教は宗教ではない？

このように、原始仏教は、哲学でもなく、学問でもありません。神や神話を信じることやすがることによって救済されることを否定し、呪術、邪見（miccā diṭṭhi）、妄想から離れることを勧めます。そして、自ら修行をすることによって心を清らかにするようにと教えるのです。儀式や儀礼によって心が清らかになることもブッダは否定しています。正しい見解も、ダンマをただ信じるのではなく、熟考し、自らはっきりと検証して、はじめて意味をもつようになります。こうして智慧を育て、無智という根本的な煩悩を晴らしていくのです。それが苦しみを取り除くための方法だからです。

このような特徴から、原始仏教は宗教ではない、という見方があります。確かに、大乗仏教はしばしば宗教的ですが、原始仏教は諸宗教とかなり異質です。哲学や学問でも、信仰する宗教でも、技芸でもないので、既存のカテゴリーに当てはめることが困難です。もちろん、多くの人にとっては、悟りを開いた「ブッダ」が存在したという時点で、「宗教」だと認識するかもしれません。

しかし、その教えの内容を詳しく見ていくと、原始仏教は諸宗教の教えとは異なり、徹底したリアリズムが貫かれているので、宗教ではないという考え方も成立すると私は思います。カテゴライズは定義によって変わることなので、原始仏教は、苦しみを滅するために必要な真理と道を説いたブッダの教え、ということを理解していればよいのではないかと思います。

（8）ゴータマ・ブッダの悟りvs非二元的ワンネス

哲学や宗教とは異なる原始仏教のいろいろな特徴を見てきましたが、一番の特質は、苦しみの根本的解決に向けて、悟りへと一直線に進む道を具体的に示しているということです。原始仏教の目的は、苦しみの滅尽であり、すなわち涅槃（ニッバーナ nibbāna）を目指すことであり、解脱《げだつ》（ヴィムッティ vimutti）することです。

では、ブッダは悟りをどのように説いたのでしょうか。先に紹介した、マールンキャープッタ比丘への無記、毒矢のたとえ、四聖諦の教えにも示されているように、ブッダの説いた教えはどれも、涅槃に導くための言葉であり、涅槃に導かない話題はしばしば敢えて説かないでいます。ブッダの説く悟りとは、命あるものが自らの煩悩の矢を引き抜いて、煩悩が完全に「吹き消された状態」という意味の涅槃（nibbāna）に至ることに他なりません。煩悩が一時的にではなく、顕在的にも潜在的にも永久に完全に断たれたとき、私たちにもはや苦しみは生じないと説きます。煩悩が私たちのあらゆる苦しみの原因であるからです。あらゆる欲から離れることに成功したとき、私たちは再び生まれる原因が消滅し、二度と人間や神などの生命として生まれてくることがなくなり、一切の苦しみから完全に解き放たれます。これがブッダが説く悟りであり、解脱するということです。

ブッダが説く解脱は、煩悩が完全に消えることであり、大宇宙と一体化することと同じではありません。もちろん、ある種の神秘体験や瞑想的な意識において大宇宙と合一している状態のときには、一時的に煩悩が消滅していますから、涅槃の世界を垣間見ることが可能です。この体験は、人間にとって重要で、偉大な瞬間であることは疑う余地がありません。非二元の世界（第2章第4節七二～七六頁参照）にわずかの間少し近づいただけでも、人生を揺るがすほどの強力な至高体験になりえるのです。しかし、非二元的なワンネスの意識が終了した後はどうなるでしょう。歓喜は消え去り、私たちは再び自我意識に取り憑かれ、おかれた状況によって欲や怒りを生じ、再び苦しみを覚えるでしょう。そのあまりに大きなギャップに苦しみ、再びワンネスに至りたいという欲や執着に取り憑かれてしまうかもしれません。強力な神秘体験をすると、後にその体験にとらわれてしまい、かえって不幸になることがしばしばあるのです。果たしてこれが悟りなのでしょうか？　常に大宇宙と一体化していて、分別のある意識（二元論の世界）に戻ってこなければ、苦しみの完全な終焉といえますが、残念ながらワンネス体験は無常なのです。したがって、再び日常の世界に戻ってくることは不可避であり、そこで苦しみから逃れることはできないのです。

　このように、多くのスピリチュアルな思想や諸宗教の悟りと、ゴータマ・ブッダの悟りは、明らかに異なっているのです。ワンネスと煩悩の滅尽のどちらが簡単でしょうか？　ワンネスや合一と一口でいっても、さまざまな純度、深度があり、実際には少し近づいたに過ぎないことが多いのですが、一生懸命修行すれば、多くの人が体験できる可能性がありえる体験です。しかし一方で、欲や怒りを完全に手放し、無智を滅ぼし、煩悩を根絶やしにすることは、ちょっとやそっとの努力では達成できません。煩悩があるということは、苦しみから逃れられていないということです。ワンネスを体験しても、煩悩はなかなか簡単には消えてくれません。涅槃の世界は、非二元的な性質をもつと思われますが、煩悩がある限りは苦しみは消えず、煩悩が滅尽したら苦しみが消滅するのですから、本格的な悟りの定義として相応しいのは、ワンネスの非二元体験ではなく、ゴータマ・ブッダの説く涅槃（nibbāna）であると私は思います。

（9）ワンネス体験は正見によって悟りの入り口となる

なお、非二元的なワンネスの体験は、ブッダの教えに即して言えば、悟りではなく、初《しょ》禅《ぜん》とよばれる、一番はじめの禅定《ぜんじょう》において体験しうるものです。ブッダは、高度な三昧（サマーディ samādhi）が継続する瞑想状態を禅定（ジャーナ jhāna）と呼び、その深度に応じて九段階に分けて説明しています（表2参照）。最初の禅定に入ると（初禅入定）、定《じょう》に入っている間だけですが、世間的な欲から離れ、あらゆる煩悩の生起が治まり、歓喜に満たされます（ピーティ pīti：喜《き》）。そして、瞑想の対象との一体感に満たされ、これを一境性《いっきょうせい》（エカッガター ekaggatā）と呼びます。一境性という禅支《ぜんし》が強く現れたとき、二元論という知の様式が一時的に停止または減弱するのです。したがって、初禅において、見るものと見られるものの原初的な分離が癒やされ、世俗的な幻想の世界から顔を出し、非二元的なリア

表2　禅定の九段階（石川勇一、2016、337 頁より）

<table>
<tr><th>段階</th><th>名　称</th><th>内　　容</th><th colspan="3">区分</th></tr>
<tr><td>1</td><td>初禅
Paṭhama Jhāna</td><td>尋・伺・喜・楽・一境性（五禅支）が現れる禅定</td><td rowspan="4">四色禅定</td><td rowspan="8">八禅定</td><td rowspan="9">九次禅定</td></tr>
<tr><td>2</td><td>第二禅定
Dutiya Jhāna</td><td>初禅から尋・伺が消え、喜・楽・一境性がある禅定</td></tr>
<tr><td>3</td><td>第三禅定
Tatiya Jhāna</td><td>第二禅定から喜が消え、楽・一境性がある禅定</td></tr>
<tr><td>4</td><td>第四禅定
Catuttha Jhāna</td><td>第三禅定から楽が消え、一境性と捨がある禅定</td></tr>
<tr><td>5</td><td>空無辺処定
Ākasanañcayatana</td><td>全宇宙空間が虚空であること（物質がないということ）を所縁（対象）とした禅定</td><td rowspan="4">四無色禅定</td></tr>
<tr><td>6</td><td>識無辺処定
Viññāṇañcāyatana</td><td>意識が無限であることを所縁とした禅定</td></tr>
<tr><td>7</td><td>無所有処定
Ākiñcaññāyatana</td><td>物質だけではなく意識さえないということを所縁とした禅定</td></tr>
<tr><td>8</td><td>非想非非想処定
Nevasaññānāsaññāyatana</td><td>想念があるのでも想念がないのでもないという、意識の有無を超えた超極微細な禅定</td></tr>
<tr><td>9</td><td>滅尽定
Nirodha Samāpatti</td><td>想と受が滅し、心が完全に滅した状態</td><td>相受滅</td><td></td></tr>
</table>

リティを垣間見るのです。これは非常に強烈な非日常的体験になります。さらに禅定が深まり、二禅に進めば、僅かに働いていた言葉をともなう精妙な思考（ヴィタッカ vitakka：尋《じん》）と、言葉によらない精妙な思考（ヴィチャーラ vicāra：伺《し》）がなくなり、思考のないより純粋なワンネスの世界になります。さらに、禅定を深めてゆけば、二元的な知は力を失い、「私」と「対象」の分離が消え去り、心が作り出した概念の世界から脱して、縫い目のない純粋な意識へと変容していくのです。

しかし一般的には、普通の世俗的生活を送りながら禅定に入るのはほとんど不可能に近いのです。戒を守り、正しい生活を送り、禅定のための諸条件が揃ったうえで修行に励まなければ、このような特殊な意識状態は簡単には体験できません。

とはいえ、人生のさまざまな局面で、不意に禅定に近い意識状態を体験する人は時々います。このような禅定の一歩手前の変性意識状態を近行定《きんぎょうじょう》（ウパチャーラ・サマーディ upacāra samādhi）といいますが、近行定において、さまざまな神秘体験が起こりやすいのです。

近行定における神秘体験のきっかけは、たとえばスポーツや芸術において極度に集中したいわゆるゾーン状態や、生死の境を彷徨う体験、シャーマン的な体験、さまざまな修行などが多いでしょう。宇宙と一体化した世界を垣間見ると、それは日常意識の中ではまったく味わうことのない異質の世界であるために、しばしば驚嘆、歓喜、畏怖、戦慄など、心に非常に大きな影響を与えるのです。

このような神秘体験は、はじめはうまく理解できないので、間違った意味づけをしてしまうことが少なくありません。つまり、神秘体験によって邪見（ミッチャー・ディッティ miccā diṭṭhi）への執着が強化されてしまうということがしばしば起こります。そうすると、せっかくの神秘体験は、正定（サンマー・サマーディ sammā samādhi）ではなく邪定（ミッチャー・サマーディ miccā samādhi）となり、偽りの霊性への落とし穴にはまり込んでしまいます。そうなってしまうと、成長につながらないどころか、反対に苦しみを増やしてしまうことになります。

神秘体験をすること自体、稀なことなのですが、さらにその体験から正しい見解（sammā diṭṭhi）を得て、正しい修行へとつなげられることもさらに稀なのです。悟りへ至る道は極めて細いといわざるを得ません。

このような意味で、非二元的なワンネス体験、合一体験は、悟りそのものではありません。ワンネス体験が正見によって理解された場合には、悟りに至るプロセスに大きく役立てられるでしょう。もしも、第一禅定から第四禅定までを繰り返し修行することができたならば、次のような利益があるとブッダは説いています。

これら四つの安楽の実践は、絶対的な厭離のためになり、離貪のためになり、滅尽のためになり、寂止のためになり、勝智のためになり、正しい覚りのためになり、涅槃のためになります。

——DN29「浄信経」片山一良訳

このように、禅定の修行は、正しい悟りのためになりますが、それだけでは悟れません。禅定は無常（変化するもの）だからです。その後に、ヴィパッサナー瞑想によってダンマを証悟する必要があるのです。そして、それによって煩悩が根こそぎ滅せられたときにはじめて、ゆるぎない安らぎに至り、苦しみが滅尽し、涅槃に至るとブッダは説いたのです。これは、他の宗教には見られない、ゴータマ・ブッダが唯一示した教えだと思われます。

（10）非二元は悟りにあらず

ケン・ウィルバーに代表されるような、多くのスピリチュアルな思想が示す非二元的なワンネスという悟り、神秘主義が示す神との合一、梵我一如（アートマン＝ブラフマン）など、ある意味でとても夢があり、希望があるのですが、仮にそのような幸せな境地に至っても、そこに永遠に留まり続けることはできません。繰り返しになりますが、煩悩が残っている限り、それが漏れ出せば再び必ず苦しみという結果を引き起こします。煩悩が消滅しない限り、どのような素晴らしい体験をしたとしても、揺るぎない悟りとはいえないのです。むしろ、それは悟りへの出発点なのです。

ブッダの説く涅槃は、煩悩が吹き消され、いかなる状況にあっても二度と煩悩が燃え上がることのない境地です。もしそこに到達できるのだとすれば、それこそ揺るぎない無上の幸福であり、悟りと呼ぶに相応しいでしょう。原始仏教では、煩悩を滅尽し、涅槃に達した人を阿羅漢《あらかん》（アラハン arahant）と呼びます。

しかし、果たして煩悩が根こそぎ消えて二度と生起しない阿羅漢になることなど本当にあり得るのでしょうか。常識的に考えれば、人間の心の現実を眺めれば、到底無理だと考えるのが普通ではないでしょうか。それ以前に、多くの人は煩悩がなくなったら生きる喜びがなくなってしまうので、煩悩はなくしたくないと思っています。ですので、煩悩をなくす教えなど関心がない、聞きたくもない、というのが多くの人の本音ではないでしょうか。ブッダは、私たちが生まれてきた原因は、渇愛《かつあい》（タンハー taṇhā：あれが欲しい、これが欲しいという欲望）であると説きます。そのため、煩悩の滅尽と言われると、私たちは自分の存在を否定されたような気がして、魅力を感じられないのです。煩悩が苦しみをもたらしているという現実は、煩悩を中心として生きている私たちにとって、なかなか正視に耐えないことなのです。

　しかし、煩悩を中心に生きている限り、生きることは楽しいことばかりというわけにはいきません。実際には、苦しいことだらけです。老病死もそうですし、思い通りにならないことが多すぎます。仮に思い通りになったとしても、すぐにそれがあたり前になり、満足できなくなります。すると新たな欲望が頭をもたげてきて、不満足に陥ります。このように、貪る心（ローバ loba：貪欲《とんよく》）という煩悩がある限り、永遠に続く満足はなく、どんなに環境に恵まれたとしても、苦しみから免れられないのです。このような、煩悩によって生起される苦しみを根源から絶つことが悟りなのです。

　ゴータマ・ブッダは自らの煩悩を滅ぼしつくし、解脱の境地について数々の言葉を残しました。原始仏典を読むと、ゴータマ・シッダッタ（本名）が、六年間の激しい出家修行を通して、煩悩を滅尽し、解脱に至り、ブッダになった過程が描かれています。さらに、私たちも同じ道をたどれるように、そこに至る段階や、具体的な修行法を伝えているのです。

（11）三慧で悟る

したがって、ブッダの説いた悟りとは何かを真に知るためには、第一に原始仏典を精読し、ブッダの教え（ダンマ dhamma）をよく理解することです。もしそれがどうしても難しければ原始仏典に基づいた正しい修行をしている比丘の話を聞いたり、本を読んだりして、まずは知的に正しく理解することです。正しく理解できたとしても、この段階ではまだ、ダンマが観念的なものに留まっていることが多いので、心にはそれほど大きな変化が起きないかもしれません。

第二は、知的に理解したダンマについて熟考し、理解を深めることです。ほとんどの人にとっては、それは長い時間を必要とします。この段階での理解が深まると、ダンマを用いた知的な思考ができるようになり、日常のあらゆる現象にダンマが貫かれることに気づきはじめます。しかし、この段階でもまだ心の深層にはダンマが至らないため、煩悩が刺激されると、とたんに愚かな行動を繰り返してしまうことが多いのです。しかし、そのような自らの愚かさに気づきはじめる重要な段階でもあります。

第三は、瞑想の修行をして自らダンマを検証し、よく確かめることです。そのためには、精妙な観察を行うヴィパッサナー瞑想（vipassanā bhāvanā）を実践する必要があります。この瞑想によって自らダンマを確かめたら、もはやそれを信じる必要もなく、ダンマは自明のものとなります。そうすると心の深い部分から変化が起こり、煩悩が減弱していきます。こうして本物の智慧（パンニャー paññā）が育まれていくのです。

悟りに至るプロセスでは、このような三段階のステップがあります。すなわち、聞くことによって得られる智慧（スタマヤ・パンニャー sutamaya paññā：聞慧《もんえ》）、熟考することによって得られる智慧（チンターマヤ・パンニャー cintāmaya paññā：思慧《しえ》）、修行によって得られる智慧（バーヴァナーマヤ・パンニャー bhāvanāmaya paññā：修慧《しゅえ》）の三つの智慧が育まれ、最終的に悟りに至るのです（DN33「等誦経」）。

（12）学問の限界

このような智慧を育む三段階を理解すれば、学問ではどんなに頑張ったとしても、たいていは情報を集めて理解する聞慧（sutamaya paññā）までですし、長期間にわたって長く熟考しても思慧（cintāmaya paññā）に留まります。したがって、たとえ仏教学を学んだとしても、本腰を入れて修行の実践に励まない限り、悟ることはできないのです。熟考した正しい知識をもとに、修行によって自らそれを確認しなければならないのです。ブッダは次のように説いています。

世のなかで、真理に達した人たちは、(哲学的)見解によっても、伝承の学問によっても、知識によっても聖者とは言わない。煩悩の魔軍を撃破して、苦悩なく、望むことなく行う人々、――かれらこそ聖者である、とわたしは言う。

――KN, suttanipāta 1078, 中村元訳

あくまでも、悟りとは、内なる煩悩を滅ぼし、自ら直接的に真理の法(dhamma)を確認して智慧を得る以外に道がないのです。自然科学などの三人称的な方法で知識を得ても、表層意識の中で知識が増えたり、整理されたというだけで、それによって悟る人はいません。一人称的な方法で、自らの内と外において法(dhamma)を確認したとき、意識と無意識に巣くう無智が徐々に崩壊し、消失していきます。それにともなって、無智に基づいた貪欲や瞋恚《しんに》も力を失っていき、悟りの道が進んでいくのです。道の途中でも、心に変化が生じれば、自らの修行が少しずつ確実に進んでいることを認識できると思います。

もちろん、学問がまったく無意味というわけではありません。悟りに向かうための準備

として、知識のレベルで正見（サンマー・ディッティ sammā diṭṭhi）を得て、修行後にはその体験を整理するものとして、学問も大いに意味があると思います。ただし、学問だけでは自ら直接知るという智慧（bhāvanāmaya paññā）が得られないため、悟りには至れないという限界があることを、あらかじめ知っておくことが重要だと思います。そうでないと、知的な理解を悟りと勘違いしたり、知識や見解への執着が生じて、かえって悟りの道への障害となりかねないからです。

（13）悟りの四段階

人間ゴータマ・シッダッタが本当に解脱して涅槃に至り、ブッダ（buddha：目覚めた人、悟った人という意味）になったのだとすれば、それはすなわち、私たち人間も、煩悩を滅尽して涅槃に至る可能性があるということを意味します。ブッダが本当に目覚めた人・ブッダであるかどうかは、三段階の学びを自ら実践し、体験によって検証するよりほかにはありません。知的な議論では結論が出ないでしょう。ブッダは、阿羅漢になるまでの段階を、神話などで煙に巻くことなく、四段階で明確に語っています。以下、簡単に紹介します。

はじめて悟りの流れに入った人は預流《よる》（ソーターパンナ sotāpanna）と呼ばれました。預流者は最大でも七回生まれ変わる間に、最終的な解脱をすることが決まっている境地です。

ブッダは、

> 大地の唯一の支配者となるよりも、全世界の主権者となるよりも、聖者の第一階梯（預流果）のほうがすぐれている。
>
> ――KN, Dhammapada 178, 中村元訳

と説いています。私たちを輪廻に縛りつけている三つの煩悩（三結）が完全に滅せられたとき、預流果を悟るといいます。その滅するべき三つとは、心や体が「私」であると思い込んでいる身見《しんけん》（サッカーヤ・ディッティ sakkāya-diṭṭhi）、法（dhamma：真理）についての確信がないという疑《ぎ》（ヴィチキッチャー vicikicchā）、戒律や祭礼・儀式への執着である戒禁取《かいごんしゅ》（シーラッバタ・パラーマーサ sīlabbata-parāmāsa）です。

悟りの第二段階は、一来《いちらい》（サカダーガーミ sakadāgāmi）と呼ばれ、もうあと一回のみ生まれ変わる可能性があり、その後は阿羅漢になります。五感で感じられる美しいもの、心地よいもの（色、声、香、味、触感）への強い執着である欲貪《よくとん》（カーマラーガ kāmarāga）と、強い怒りや嫉妬などの瞋恚（ヴャーパーダ vyāpāda）がほとんどなくなったときに一来果を悟ります。

悟りの第三段階は、不還《ふげん》（アナーガーミ anāgāmi）と呼ばれ、もう二度と人間や下層の世界に生まれることはありません。一来が欲貪（kāmarāga）と瞋恚（vyāpāda）を完全に滅すると、不還果を悟ります。不還者は、人間の生涯を終えると、梵天界という世界に転生し、梵天であるときに最終的な解脱に至ります。梵天界というのは、私たちが馴染み深い（？）神々の住む天界（欲界）よりも上位の世界で、禅定を修得した者が転生する清らかな世界です。

悟りの第四段階は、最終的な悟りを開いた状態で、阿羅漢《あらかん》（arahant）です。不還者に残っていた最後の五つの煩悩（五上分結《ごじょうぶんけつ》）が滅せられたとき、阿羅漢果を悟ると言われています。最後の五つの煩悩とは、形あるものへの執着である色貪《しきとん》（ルーパラーガ rūparāga）、形ないものへの執着である無色貪《むしきとん》（アルーパラーガ arūparāga）、「私」という意識にとらわれる慢《まん》（マーナ māna）、落ち着きのないざわついた心である掉挙《じょうこ》（ウッダッチャ uddhacca）、真理を知らない無明《むみょう》（アヴィッジャー avijjā）です。阿羅漢になると、すべての煩悩が滅尽し、苦しみがなくなり、命あるものとして学ぶべきことはすべて学び終え（アセカ asekha：無学）、もはや二度と生まれることはなく、涅槃に至るといわれています（DN29「清浄経」）。

（14）悟りのメルクマール

以上が、ゴータマ・ブッダの説いた悟りへの四段階の概略です。重要なことは、それぞれの段階の基準が、特定の煩悩の滅尽になっているということです。この基準に照らせば、どのような神秘体験をしようと、どのような歓喜に満ちた至高体験や高原体験（plateau experience、至高体験よりも穏やかで長期にわたる体験）をもとうとも、ブラフマンや非二元を体験したといおうとも、どのような学識や地位があろうとも、どれだけ財産をもっていようとも、煩悩が残っている限り、悟りの流れには入ってはいないということがよく理解できるのです。

ウィルバーの発達論では、心の中の二元論が解消して、アイデンティティが自己超越的に拡大することがトランスパーソナルな発達とされていますが、ブッダの示す基準は、これと異なっています。真性の禅定体験は悟りに向かうために役立ちますが、禅定体験を得たとしても、悟りのはじめの段階（預流）に至っていることを意味しません。預流果を得るための条件は、ワンネスなどの神秘体験・合一体験とは無関係であり、三つの間違った見解（三結）が完全に駆逐される必要があるのです。そのためにサマタ瞑想（samatha bhāvanā：止行）だけではなく、正しいヴィパッサナー瞑想（vipassanā bhāvanā：観行）が必要なのです。

このように、原始仏教の悟りの定義や、悟りの段階論を、トランスパーソナル心理学と比較してみると、ブッダの示した基準の方が圧倒的に厳しいのです。しかも、預流、一来、不還、阿羅漢という段階は、不可逆的な進化だといわれていますので、実際にそのような段階に到達したら、苦しみが減ってゆき、心の平安と平静さが増していることを自ら確認できるのではないかと思われます。

（15）悟りへの方法

では、本当に私たちが煩悩を根絶やしにして涅槃に到達できるのだとしたら、どうしたらよいのでしょうか。ブッダは、出会った人の資質や背景に応じて、それぞれ異なった説法を行い（待機説法）、個別に相応しい修行法を教えられました。私たちは、直接ブッダから指導を受けることはできませんが、原始仏典が残されているので、それを参考にすることができます。

苦しみを滅し、煩悩を根元から取り去り、涅槃に至るための道として、七グループの三七要素からなる三十七菩提分法《さんじゅうしちぼだいぶんぽう》（サッタティンサ・ボディパッキヤ・ダンマ sattatimsa bodhipakkhiya dhamma）が原始仏典に記されています。三十七菩提分法とは、修行すべき項目のようなものです。その内容は、四念処《しねんじょ》（チャッタロー・サティパッターナ cattāro satipaṭṭhāna）、四正勤《ししょうごん》（チャッタロー・サンマッパダーナー cattāro sammappadhānā）、四神足《しじんそく》（チャッタロー・イッディパーダ cattāro iddhipāda）、五根《ごこん》（パンチャ・インドリヤ pañca indriya）、五力《ごりき》（パンチャ・バラ pañca bala）、七覚支《しちかくし》（サッタ・ボッジャンガ satta bojjhaṅga）、そして有名な八正道《はっしょうどう》（アリヤ・アッタンジカ・マッガ ariya aṭṭaṅgika magga）です。これらの悟りへの修行項目と、それを実践するための具体的な瞑想の方法も原始仏典には記されています。ブッダはどんな法（dhamma）も修行法も、秘密にすることはなく、すべてオープンに語りました。そして驚くべきことに、その多くが現代まで残されており、近年の日本人ならばそれを簡単に母国語で読むことができるようになったのです。つまり、私たちは誰でも、その気になりさえすれば、ブッダの示した修行法を学び、実践することができるのです。繰り返しになりますが、これは日本の歴史上、これまで一度もなかったことなのです。

（16）分からないことを分からないと知ること

トランスパーソナル・ムーブメントは、伝統や権威があるというだけで、それにおもねったりしないドライで合理的な精神的土壌があると第2章で述べました。ですから、ブッダの教え（buddha dhamma）や修行法に関しても、わけもわからないままにありがたがる必要はないと思います。合理的な疑問は、よく調べ、考え、解決すべきです。まず知的にしっかり正確に理解することが大切ですが、それは観念的な知識であり、それによっては私たちの心は表面的にしか変えることができません。知的に理解した後は、実験のつもりで次々と繰り返して実践しなければ、本当に心を深いところから変える智慧（bhāvanāmaya paññā）にはならないのです。

このような智慧を育むためには、分からないことは分からないのだと、はっきり分かっておくことがとても大切です。分からないことを分かったと思い込もうとすると、修行は先に進まなくなります。それは嘘だからです。嘘を積み重ねて進んで行ってしまうと、やがて砂上の楼閣のごとくにすべてが崩壊してしまいます。

一方で、自分で体験してはっきりと分かってしまったことは、他人や世間にはまったく理解されないことであっても、自分のなかでは当たり前のことになります。無意識まで納得した智慧は、もはや議論をしたり言葉にする必要がなくなり、必要がなければそれについて語らなくなります。それが揺るぎない智慧であり、三結の一つである疑（vicikicchā）が生じなくなるということだと思います。

（17）陶酔から覚醒へ

宗教の信仰者や、スピリチュアル好きの人によく見られることですが、よく分かっていないのに、分かったつもりになり、素晴らしいことのように思おうとする心の習慣ができてしまうと、しばしば陶酔を引き起こします。陶酔とは、特定の解釈、物語、意味づけ、神話、教義、人物、集団などに愛着を持ち、期待し、夢と希望をみて、そこにまどろむことです。これが極端になれば、熱狂になり、自己愛になり、絶対的な信仰になります。このような世界には、あたかも羊水に漂う胎児のように、甘美な安らぎがあります。宗教やスピリチュアルな世界観のもとでは、このような心の世界に浸っている人は少なくありません。

しかし、陶酔しているときに、信じたい世界と相容れない出来事が起こると、信じる世界が破壊されてしまいますので、その現実に脅かされます。それゆえ、現実はしばしば否認され、目が背けられ、抑圧されます。あるいは、自分が受け入れやすいように、いろいろに解釈が工夫され、歪曲されます。さらにひどくなると、自分の信じる物語に符合する現実しか見ないようになります。このような防衛機制は心を守るための無意識的な工夫なのですが、過度に働けば、現実への適切な対処が難しくなってしまいます。現実的な対処をする代わりに、安らぎを与えてくれた物語に逃げ込むように、さらに信じ込もうと努力をしたり、他人に同じ物語を信じるように押しつけたりしてしまうことがありますが、ここまでくると苦しみや軋轢はかなり増大してしまうでしょう。危険な「邪見」（ミッチャー・ディッティ miccā diṭṭhi）に陥っていないか、注意深くなければなりません。

悟りとは陶酔と正反対の世界であるということを知る必要があります。原始仏教のヴィパッサナー瞑想は、自分の欲がつくり出す解釈・物語・妄想をすべて手放して、あるがままの事実を観察し、明瞭に知り（サンパジャンニャ sampajañña：正知）、深く理解することです。したがって、ヴィパッサナー瞑想を行うことは、現実への適切な対処も可能にします。そして、現実を現実として認識していますので、後ろ暗いところがなく、脅かされることがなく、心は安定します。防衛機制を働かせたり、さまざまな解釈に頭を巡らせて、心に負荷を与える必要もありませんので、心の安定と健康にももちろん良いのです。

さらに深くヴィパッサナーをすれば、この世に生じるものは儚いものであり（無常）、私の思い通りにならぬものであり（無我）、苦しいものである（行苦）という普遍的で究極的な真理（パラマッタ・ダンマ paramattha dhamma）が理解されてきます。智慧が増し、その結果、煩悩が弱まり、苦しみが減少するのです。そして、勝手な思いこみや執着こそが、苦しみをつくり出していることがよく理解できるようになり、妄想することを恐れるようになります。これが、瞑想によって身につく態度であり、正しい悟りに向かうための実践なのです。

悟りに近い言葉として、目覚めるとか、覚醒する、という表現がありますが、これは心のなかにある陶酔、夢、期待、物語、主観的解釈、妄想から目を覚ますという意味だと思います。人間は誰しも、自分の欲や世界観に応じた色眼鏡を通して世界を体験しています。このような色眼鏡を外して、無私なる平静な心でいられたら、そのとき私たちの心はもっとも平和であることでしょう。無私なる平和な心は、おだやかで慈悲深い心を育み、適切な行動を起こすための基礎にもなります。こうした好循環を日々推し進めていくことによって、しだいに心が清らかになり、はじめは無限に遠くに見えていた悟りというゴールが、少しずつ、しかし確実に近づいてくるのではないかと思います。

（18）原始仏教と出会うまで　修験道で行者の心と体をつくる

ここから、私がどのように原始仏教と出会い、なにを感じたかをお話しさせていただきたいと思います。一〇年ほど前、私はスピリチュアリティの知的な研究の限界を感じていました。学問は、言葉、数字、概念、理論の世界であり、真理そのものではないということです。およそ一〇年間にわたってトランスパーソナル基礎研究会の世話人を務めて私がはっきりと理解したことは、研究会や語り合いをどれだけ続けても、悟りには決して到達しないということです。ある程度知識を得たら、実践をして、自ら確認していく修行が不可欠です。それまでも、さまざまなワークショップに参加して、体験的な理解もありましたが、ワークショップというのは、限られた時間で、セッティングされたプログラムに則って客として参加するもので、おのずと限界があります。もっと生活全部、心身全部をかけて取り組まなければ、本当のところはわからないと感じたのです。

そこで私がはじめに取り組んだのが、当時ご縁をいただいた修験道でした。熊野の修験者の指導の下、毎日日の出とともに、一〇キロほどの険しい山道・獣道を礼拝しながら歩くという回峰行を中心に、さまざまな修行に繰り返し挑戦させていただきました。修行の成果は言葉では表現しにくいのですが、敢えて言語化すれば、軟弱な自分の心としっかり向き合えたことかもしれません。修験道の開祖である役行者の遺訓に、「身の苦によって心乱れざれば証果おのずから至る」（「身体にどれだけの苦痛があっても心が乱れなければ、悟りはおのずからやってくる」の意）という言葉があるのですが、当時私が経験したことは、「身の苦によって心大いに乱れる」ということでした。みずからの心の弱さ、軟弱さをはっきりと自覚しました。しかし、脚の激痛や疲労と闘いながら、台風直撃の山での回峰行や、滝に飛び込む行など、なんとか決められた修行をやり遂げることができ、行者としての身体と心の基礎をつくっていただいたという気がしています。

修験道の修行は険しい山中で行うので危険もともない、身体に負荷がかかります。私のような都会育ちでインドアの仕事を専らにしている人間には、ある程度のトレーニングはしていったのですが、すぐに体力の限界に達してしまうのです。身体が弱ると心の弱さも露呈します。それでもフラフラになりながらも修行を続けるうちに、自然と無駄な思考が減り、感覚が冴え、野性的になってくる自分を感じていました。身体性は修行の要であり、部屋の中で瞑想をするだけではなく、自然の中で活動することも大切だと実感しました。

毎日険しい山を延々と歩くという修行は、歩くヴィパッサナー瞑想のようなものです。身体や呼吸への気づき、集中力や気づきの強化、身体の鍛錬、野性の活性化、自然や仲間に支えられ生かされていることへの気づき（縁起の自覚）、心の浄化、思考が静まる清らかな喜び、達成すると心に決めて努力する行者魂（決定心《けつじょうしん》、精進《しょうじん》の心）などが自然と養われていったように思います。

ブッダの次の言葉は、なかなか知られていないと思いますが、重要な真理を含んでいます。

> 比丘たちよ、いま、比丘たちは丸太を枕にして生活し、不放逸で、修行に熱心である。悪魔パーピマンは彼らを攻略できず、その機会も得ない。
> 比丘たちよ、将来、比丘たちが優雅になり、手足が柔弱になり、柔らかな寝具と平らな枕で、太陽が昇るまで眠るなら、悪魔パーピマンは彼らを攻略し、その機会を得るであろう。
>
> ——SN20「譬喩相応」浪花宣明訳

快適な場所で生活し、身体が柔弱になれば、容易に悪魔パーピマンに籠絡されるというのです。快適な文明社会に生きる私たちには、耳の痛い言葉ではないでしょうか。第2章で述べたように、テクノロジーの進化は煩悩にとっても居心地のよい環境を生みだしているのです。山の中での修験道の修行は、研究会やワークショップとは異なり、期待通り、全身で感じ取れる強力なものであり、これによって私は、行者として大切なことを学び、修行への扉を開くことができたのです。

（19）アマゾン・ネオ・シャーマニズムで餓鬼界、兜率天を訪れる

次に縁ができたのは、シャーマニズムでした。あるシャーマンの仲介で、ブラジルの奥アマゾンに行き、電気もガスも水道も道路もない小さな村に滞在しました。現地発祥のネオ・シャーマニズムの儀式に繰り返し参加することができたのです。そこで、信じがたい強烈な体験を何度もすることになりました。

その体験を記しても、理解されないか、病気ではないかと疑われる可能性が高いことは承知していますが、なかには理解される方もいらっしゃいますので、誤解を覚悟の上で、少しだけ私の体験を簡単に紹介させていただきます。それは原始仏教につながるものだったからです。

ジャングルのなかのある儀式で、私は突然、皆の歌声が身体に突き刺さりはじめ、痛みで立っていることができなくなり、地獄に落とされました。はじめに感情の嘔吐がはじま

り、口からは叫び声が出ました。次に、走馬燈のように私の悪行為の場面が次々と見せられ、あまりの苦しさに、地べたを這いつくばりながら、涙を流しながら、渾身の力を振り絞って、心の底から懺悔したのです。当時私は、もうこの地獄から脱出できないと思い、ジャングルのなかで死ぬことを覚悟しました。それでも必死に懺悔と謝罪を繰り返し、およそ一時間くらい経った頃、突然周囲が明るくなり、地獄から解放されたのです。私は脱出できたことへの安堵と共に、許されたことへの感謝と喜びを噛みしめました。そして、自分の過去の悪業がすべて記録されていることを知り、さらにその結果として耐えがたい苦しみがやってくることを身をもって理解したのです。もう悪いことはやめよう、悪い心をもたないようにしようと、このとき心の底から思いました。私は、儀式のなかでジュラミダンというアマゾンの女神に、「これこそ私が求めていたことです。真実を見せてくれてありがとう」と声に出して御礼を言いました。すると、周りの精霊たちが大喝采して私を祝福してくれたのです。

この不思議な体験を、後に上座部仏教の比丘に話したところ、それは地獄ではなくて餓鬼界だと指摘されました。確かに、原始仏典を見ると、地獄はもっとずっと苦しい世界のようですし、私の体験した世界は仏典の餓鬼の描写に近いようなので、私は餓鬼界に落ちたのではないかと思っています。

もうひとつ、ある別の儀式の時には、大きな黒い霊鳥が私の近くを飛び回っているのを見ました。次第に近寄ってきたかと思うと、なんとその鳥が私の身体の中に入ってしまったのです。「これが憑依ということなのか」と起きていることを冷静に観察していました。憑依されると、豊かな羽毛に包まれている鳥の身体感覚や、鳥の気高い気質が、自分の内面のようによく分かり、不思議な感覚でした。その鳥の導きによって、身体が大きく揺さぶられ、口を開けられ、身体を脱出したと感じました。いわゆる脱魂状態だと思われます。脱魂すると、天界に飛び立ち、さまざまな不思議な光景をみた後に、まばゆい光に満たされた豪華絢爛なお城に到着しました。私は高貴な霊鳥が天界に連れてきてくれたのだと思い、幸せで安らかな気持ちに満たされ、その美しさに見惚れていました。そして、ハッと我に返ると、すでに儀式が終わって、皆が片付けをはじめている会場で、私は一人で座っていたのです。後にこの不思議な体験をシャーマンに話すと、それはアマゾンのシャーマンがよく訪れる城で、アマゾンの伝説にも登場する場所であることを教えてくれ、日本人なのによくそこまで行けたなと祝福してくれました。

この体験も後に上座部の比丘に話してみたところ、そこは兜率天《とそつてん》に違いないといいます。人間界より四つほど上層にある天界です。兜率天は、ゴータマ・シッダッタが人間として生まれる前にいた天界といわれていて、私は善いところに行くことができたと思い、再びアマゾンの女神ジュラミダンと、黒い高貴な霊鳥に感謝したのでした。

（20）サンカーラ・ドゥッカ（行苦）体験

あとひとつ、アマゾンでの忘れがたい重要な体験があります。シャーマンのある儀式が終了した後、すでに真夜中でしたが、とても気分がよかったので、私はジャングルの開けた場所で倒木の上にひとりで座り、心地よい風を感じながら、アマゾンの満天の星空を眺めていました。すると突然ビジョンが現れ、眼前に大きな山が出現しました。その山は、細かい粒子でできていて、色あざやかにひとつひとつの粒子が明滅し、細かく蠢《うごめ》いていました。そこでハッと雷に打たれるように洞察したのです。「この大きな山と同じように、私も終わらない。生まれては死に、死んでは生まれる。明滅は止まらない。私もこの粒子のようなものだ」と。永遠の命というと多くの人は喜ぶかも知れませんが、私は命が終われないとわかると、なんともいえない、存在することのけだるいような苦しみを感じたのです。「あーっ」。私の口からはため息が漏れました。終われないサンカーラ（saṅkhāra：生成する力。仏教では「行《ぎょう》」と訳される）、止まらないサンカーラ、回転し続けるサンカーラ、死んでも再び生まれるサンカーラ、生きようとする心の騒がしい衝動、永遠に変化しつづける無常、命の存在論的な苦しみ……、その動かしがたい運命を目の当たりにしたのです。そのとき、またしても精霊たちが現れ、なんと彼らはゲラゲラと笑い転げているのです。「私が深遠な真理に向き合っているというのに、アマゾンの精霊はなんて陽気な奴らなんだ。でも、憎めないし、まあいいか。この精霊たちもきっとラテン系なんだ」。そう思って、また命の渦巻きのなかに私は組み込まれていったのです。

ブッダが悟りを開いた後、サールナートではじめて法を説いたとき、一番はじめに説かれたのが四聖諦でした。四聖諦の第一番目は、この世で生きることは究極的に苦しみであるという苦諦です。苦しみには生老病死などいろいろありますが、もっとも本質的な苦しみはサンカーラ・ドゥッカ（saṅkhāra dukkha：行苦）なのです。ブッダは、一切行苦（sabbe saṅkhāra dukkha）を説くように、すべてのサンカーラはそれ自体苦しみなのです。いわば、理由なき生存の苦しみ、存在の苦しみです。サンカーラ・ドゥッカを終わらせるためには、瞑想をして、解脱する以外に道はありません。

この頃、私はまだ原始仏教には触れていませんでしたが、今にして思うと、アマゾンの地でブッダの教えの出発点をはっきりと悟ったのでした。なお、修験道とシャーマニズムの体験については、拙著『修行の心理学：修験道、アマゾン・ネオ・シャーマニズム、そしてダンマへ』に詳しく紹介し、その体験の心理学的・原始仏教的な解釈を試みましたので、ご関心のある方はそちらを参照してください。

このような強烈な体験を経て、単なる学問や知識だけではない、重要なことを身をもって知るようになったのです。

（21）ダンマとの出会い

修験道で修行者としての心身の基礎をつくり、アマゾンのシャーマニズムでは異界を体験し、行苦や無常を洞察しました。振り返れば、原始仏教で修行するための、最善の準備をしたかのように感じます。

ブラジルの奥アマゾンから帰国して数カ月後、まだ強烈なシャーマニズム体験の影響が冷めやらず、この世とあの世の垣根が低かった頃のことでした。友人からの勧めで、ミャンマーの上座部仏教の僧院で修行したという比丘の話を聴く機会を得ました。私は軽い気持ちで参加していたのですが、その比丘の話を聴くと、予想外に惹きつけられ、感銘を受け、歓喜して家路についたのです。

それまで、断片的ではありますが大乗仏教には触れる機会がありました。修験道も天台系の神仏習合的な色合いが強いので、大乗仏教のお経や真言も唱えていました。しかし、大乗仏教は捉えどころがなく、信頼してよいのかどうか決めかねる不確かな印象を私は抱いていました。ところが、比丘の口を通して、ブッダの生きた言葉にはじめて触れたとき、今までにはない確かな手応えを感じたのです。「これはきっと本物だ」。そう直観したのです。ブッダの教えをもっと学びたいという強い探究心が沸き起こり、それからの私は、時間を見つけては比丘の話を聴きに行ったり、原始仏典を読むようになりました。

ブッダの説法は、神話や象徴で煙に巻くことはなく、曖昧さがなく、実に明快でした。飾った言葉やいたずらに難解な概念もなく、結論のない周辺を回るだけの話はなく、最重要な解脱へと一直線に進むことが促され、一語一語に深い意味が濃縮されていて、堂々とした迫力があり、圧倒されました。これは本当に目覚めた人、ブッダの言葉に違いないと思いました。ダンマを学ぶことが楽しく、深い喜びに満たされました。

私は、もっと深く理解したいという思いが強くなり、知的な学習だけではなく、ブッダの教えに沿った修行をしたいと思いました。比丘に相談して、ちょうどうまく仕事の休みが取れたため、二〇一四年の一月~三月にかけて、ミャンマーの森林僧院に短期出家させていただきました。すぐに修行の実行に移せたのは、修験道やシャーマニズムの修行経験がよい準備になっていたことと、実践に勝るものはないことが身に染みて理解できていたためだと思います。

授戒式の様子（左が高僧、右が著者）

著者が比丘たちへ食事の布施をした場面

（22）短期出家の衣食住

ミャンマーの僧院につくと、まもなく髪を剃り、戒律を受戒しました。見習い僧（沙《しゃ》弥《み》）の立場ですが、ほぼ比丘と同じ生活をさせていただきました。朝夕の経典読誦、托鉢、瞑想（一日合計八時間程度）、それ以外は何もない生活でした。週三回、高僧に指導を受ける時間があり、個別に取り組むべき瞑想の課題を与えられます。瞑想の状況を高僧に詳しく伝えると、アドバイスをいただけますし、課題を達成できたと認められると、次の課題をくださいました。私は、修行できる喜びに満たされ、瞑想が日々深まっていくのを感じていました。座る時間が長いので、身体が痛まないように、休憩時間にはヨーガをしたり、森のなかを歩いたり、落ち葉を箒で掃くなどして、身体を動かして弛めるように努めました。

エンジ色の長方形の布を数枚いただき、それが衣でした。はじめは慣れずにはだけてしまうこともありましたが、慣れてくるとこれで十分だと思いました。衣を桶で洗って、木の間に干しておくと、ミャンマーの陽射しはとても強いので、一回瞑想している間に完全に乾いてしまいます。剃髪は、はじめは剃り残したり、誤って皮膚を傷つけることがありましたが、次第に慣れていきました。

食事は托鉢の鉢一つで、一日二回、小屋でひとりでいただきました。外国人の私はスプーンを貸していただきました。非常に辛いもの、甘いもの、脂っこいものが時々あり、これらを食べると体調が乱れて瞑想に差し障りがあったので、そういうものは森にいる動物たちに布施していました。食物を森に放ると、獣、鳥、虫たちがまたたく間に集まり、彼らの餌になります。食事も十分満足でした。

住まいは、トイレと水道のついた一〇畳ほどの小屋（クティ）を貸していただきました。部屋には蠅、蚊、蛾、蟻、ゴキブリ、カエル、クモ、ヤモリなど、いろいろな生きものたちが住んでいました。寝床には蚊帳が吊ってあったので問題なく生きものたちと共存できました。カエル、クモ、ヤモリはいろいろな虫を食べてくれるので、どちらかというと味方だとわかりました。電球がありましたが、時々一帯が停電するので、朝夕に僧堂に行くときは懐中電灯をもって歩きました。質素なクティでしたが、寒暖と獣や虫から守ってくれて満足でした。

衣食住は、このような最低限のもので十分でした。シンプルな分だけ、心がさまよったり、執着する対象がないので、心をよく調えてくれるのです。托鉢、瞑想、経典読誦のほかにすることといえば、掃除、洗濯（桶で手洗い）、食事、排泄、剃髪、水浴び（風呂もシャワーもありませんでした）くらいであり、本当に簡素な生活でした。正しい生活を送ることは、修行に欠かせない要素であることがよく理解できました。

質素な修行僧の生活は、私にはとても心地よく、不思議に懐かしいような感覚がありました。もしかしたら過去生で出家していたことがあるのかもしれないと思いました。綺語（無駄話）が戒律で禁止されているので、僧院は大勢の修行者が生活しているにもかかわらず、いつもとても静かです。私はもともと、雑談が好きではないので、僧院の静寂はとても心地よいものでした。

（23）禅定の修習　喜びに満たされて

高僧の指導に従って、毎日サマタ瞑想を修習していましたが、適切な生活環境のなかで精進を重ねていると、次第に集中力と持続力が高まっていきました。瞑想の質がある程度高まると、夜も昼も目を閉じていても光明に満たされ、歓喜に満たされ、ほとんど眠れない時期もありました。喜びに浸りすぎると、心が動いてしまい瞑想には逆効果なので、喜びを静め、執着しないように心がけました。しかし、ベースに喜びがあることは、瞑想への意欲、集中力、持続を高めてくれるので、修行が進みました。ほとんど座っているだけの簡素な生活なのに、こんなにも濃密で、深く喜びに満たされ、充実するということに、とても驚きました。瞑想三昧の充実した生活に入ると、たくさんの人、モノ、情報に囲まれてあくせく動き回っていた日本での生活は、取るにたらない夢であったように思われました。瞑想が深まっているときには、日の出をみたと思ったら、もう夕日になったという感じで、一日があっという間に終わる感じでした。

私の場合は、短期出家だったことが、かえって幸運だったかもしれないと思います。時間が限られていた分だけ、修行への強い情熱を持ち続けることができたからです。短期集中はサマタ瞑想の修習には適していたように思います。

(24) ヤンゴンと東京の街で

短期出家修行を終え、高僧から還俗後のアドバイスをいただき、仲間の比丘たちに見送っていただいて、僧院を出ました。久々に洋服を着て、周囲の村やヤンゴンの街などを歩きました。今のヤンゴンは、外国からの資本が入り乱れ、急速に経済発展していて、実に活気があります。陽射しが弱まる夕方になると、すごい数の人々が街を歩いています。市場、商業ビル、寺院、ホテル、レストランなど何でもある大都会です。

古いものと新しいものが混在して変転著しい街中を歩いていて、私はこう感じたのです。「活気ある大都会のヤンゴンの街を今歩いているが、私が欲しいものはこの街には何もない」と。修行をして、心が静まり、穏やかで、満ち足りていて、本当に欲しいものが何もなかったのです。欲も怒りもない、空っぽな心でいられる喜びを感じ、それを楽しんでいました。

静寂な心で街を歩いていると、すれ違う人々が、いろいろな思考や感情をぐるぐる動かしながら歩いているのが、はっきりと感じ取れました。精妙な気づきのある状態にあると、他人の心の状態が手に取るようにわかるのです。ちょうど、極限までトレーニングを積んだスポーツ選手が、他の選手の身体の動きを一目見ただけで自分の身体のように感じ取れるのと同様です。

このときのように、心に欲がなく、落ち着いて、精妙な気づきがあることが、なによりも幸せなのだということを、大都会で心せわしなく歩く人々の姿を見て逆照射されて、より実感したのです。便利な大都会で暮らす人々よりも、仕事も家族もなく、最低限の衣食住しかない僧院にいる修行僧たちの方が、はるかに心が幸せで輝いているのです。

飛行場の土産物屋で、手元に残っていたミャンマーチャットのお金をすべて出して「これで買える仏像はありませんか」と言うと、店員さんが親切にたくさんの仏像を並べて見せてくれたので、良いものを買うことができました。仏像への物欲が出たなと思いながらも、気分良く仏像を抱えて搭乗し、東京に飛び立ちました。

東京の街に戻ると、再び思いました。「東京はすごい大都会だ。ヤンゴンよりももっとたくさんのものがある。けれども、私が今欲しいものは、東京にも何もない」と。心が平安で、欲がなく、大都会東京といえども、私を惹きつけるものはない、そう感じている自分の心を観察して、とても満足したのです。

（25）出家は合理的

戒に守られ、サンガで修行僧に囲まれ、高僧の指導を受けて修行をできる時間は、なんと得難く、貴重な縁だったか、世俗の生活に戻ってあらためて痛感しました。また、戒があり、禅定があり、そして智慧を得るという三学が、実に合理的であり、修行の基本であることを身をもって理解したのです。

戒に守られた簡素な正しい生活を送っていると、執着する対象が身の回りからなくなります。僧院によって環境は違うようですが、私の場合は、スマホやパソコンもなく、テレビもなく、間食もなく、世間話もなく、着る服は二枚の布だけ、住む場所は質素なクティのみでした。このような環境にいると、煩悩が兵糧攻めにされてその力を削がれ、その分だけ定力（瞑想する力）が伸びるのです。集中力と気づきが深まった状態で、身体・感受・心・法の四念処を観察すると、あらゆる事象が無常、苦、無我であることがよりはっきりとみえてきて、正見を得る智慧を育むのです。

帰国後しばらくは、週に一回、ミャンマーの僧院に電話をして、高僧から瞑想の指導を受け続けていました。しかし、帰国後の私は、仕事が非常に忙しく、僧院にいたときと同じレベルの瞑想をすることが困難になりました。定力は低下し、空っぽだった心にサンカーラが復活し、心に濁りが生じるのを確認しました。還俗直後は、ヤンゴンの街を歩く現地の人々が、各々の心の動きに囚われているのを感じましたが、世俗の生活に戻った後は、自分も彼らと同じように、自分の心の動きに囚われていることにしばしば気づくのです。気づくことによって囚われから離脱しているといえますが、生活が複雑になればなるほど、刺激が増え、その反応が複雑になり、煩悩が燃え広がってしまい、取り憑かれてしまうリスクが高くなります。このような現実に直面して、次のブッダの言葉を噛みしめたのです。

譬えば青頸の孔雀が、空を飛ぶときは、どうしても白鳥の速さに及ばないように、在家者は、世に遠ざかって林の中で瞑想する聖者・修行者に及ばない。

――KN, suttanipāta 221, 中村元訳

短期ながら出家の生活を体験してみて、在家には修行の限界があることをはっきりと認識できました。もちろん、世俗生活においても、修行がまったくできないというわけではないので、できるだけ修行が進むような世俗生活を日々模索しているところです。

（26）出入息随念による心の浄化のステップ

原始仏教の修行をすることは、無明を晴らし、苦しみからの根本的な脱出法を目指すということですが、いうまでもなく、なかなか一直線に進めるものではありません。グッと進むこともあれば、なかなか変化がなく、停滞するときもあります。サマタ瞑想を修習し、ある程度うまくいけば、強い喜びや楽を味わいますが、それは永続する状態ではなく、無常であり、通過点でしかありません。瞑想を終えた後、諸々の刺激に触れ、苦楽が生じ、嫌悪や執着が生起すれば、再び苦しみが生まれます。サマタ瞑想の心地よさに執着することも、新たな苦しみの素となります。

私は、短期出家を終えて、高僧からの指導を中断した後、原始経典を手当たり次第に読み、特に出入息随念経（ānāpānasati sutta : MN 118）を頼りに、ブッダが説かれた一六の瞑想を繰り返し修習してみました。この瞑想は、心の深いところから変化を起こす強力な方法です。

出入息随念では、四念処にそって、身体、感受、心をそれぞれを四つずつの課題に区切って観察し、最後にもろもろの無常（アニッチャ anicca）、離欲（ヴィラーガ virāga）、滅尽（ニローダ nirodha）、放棄（パティニサッガ patinisagga）に意識を集中します。無常、離欲、滅尽、放棄を瞑想するということは、無明な心に智慧の光を灯すようなものです。貪欲（貪り）とそれに基づく瞋恚（怒り）を根底から取り除こうとする瞑想です。ただし、この段階に入る前に、深く集中した瞑想状態に入っていることが重要なポイントになります。深い集中力をともなった状態でこのヴィパッサナー瞑想を行うと、あたかも深層意識の中心にダンマの光を投げ込まれたかのように、浸透力・波及力をもつのです。深層に投げ込まれたダンマは、瞑想しているときだけではなく、その後も長期にわたって心の中で働き続け、法眼を開くように促し続けるのです。

日常で曝されているあらゆる刺激に対して、これは無常である、無常なものに執着することは苦しみである、手に入れようと欲している対象は私でもなく、私のものでもない、とその都度気づきが生じます。そう気づくと、対象へ執着することは苦しみだ、この苦しみを手放そう、対象から遠ざかろう、そして煩悩を滅尽した安らぎの境地へと向かっていこう、と思うようになるのです。

もちろん、欲や怒りを完全に滅ぼすのは容易なことではありません。私自身も、しばしば自分の煩悩に突き動かされていることがあります。それでも、この瞑想を毎日行なっていると、さまざまな刺激に曝されて欲や怒りが生じたとき、すぐにそれに気づいて防御できる可能性が高まります。たとえば、家の中で火が何かに燃え移ったときに、すぐに気づいて消化すれば、大事には至りません。しかし、火がついたことに気づかずに、そのままにしておけば、家ごと火事になって燃え尽きてしまうでしょう。このように、まずは、苦しみのもととなる煩悩によく気づくことが大切なのです。それだけでも、大きな火事は防げるようになるのです。

このように気づきの精度が高まってくると、やがて刺激に無防備に接触することは危険であり、苦しみであることがはっきりと分かってくるようになります。そうなると、以前には愛着を感じていたような刺激、情報、現象、人物などに接したときに、考えるよりも早く、身体が刺激から離れようと反応するようになるのです。これは確実な心の成長です。

このように、ダンマによる修行は、悪い心のプログラム（心理学の言葉でいうと条件づけやコンプレックス）とその結果を洞察し、よく気づくことによって、善い心のプログラムに意識的に置き換えていくということなのです。習慣の力は強いので、悪習慣を善習慣に書き換えるためには、坂道を上るような継続的な忍耐と精進が必要になります。

（27）煩悩への気づきがはじめの第一歩

このように自分の心のあるがままを観察することは、解脱に向かうために欠かせない過程だと思いますが、ある意味でとても恐ろしいことです。なぜなら、自分の心の実体をよく観察すると、どれほど心が乱れているか、執着があるか、貪欲があるか、怒りや悲しみがあるか、という心の影の部分に直面させられるからです。我へのこだわり、そこから生じる欲、思い通りにならないことへの怒りを取り去ったとしたら、その後に私の心に残るものはどれだけあるだろうかと考えると、寒々とした心の現実に気づかされるのです。

しかし、そのことにはっきりと気づき、それ自体が苦しみの原因なのだとよく理解することが、ブッダの教えに沿った心の修行に欠かせないはじめの一歩だと思うのです。自らの汚れに気づかぬまま、仏性があるとか、霊性が高いとか、リップサービスにのせられてしまうと、慢（māna）という自己執着の煩悩が強化され、かえって汚れを増やしてしまううのです。神に祈ったり、マントラを唱えても、心の深い部分の汚れはそのまま残ってしまうのです。

私たちの心は、生存欲、食欲、性欲、睡眠欲、安全の欲求などの生物の生得的な本能的欲求から、承認欲求、愛情欲求、自己実現欲求などの心理的諸欲求まで、とことん渇愛(taṇhā)の集合体です。それをまずありのままに確認することです。

もちろん、貪欲には、悪質なものからそれほど悪質でないもの、過度なものからそれほど強くないものなど、質量共にさまざまなので、まずは悪質なものや過度なものに囚われないことを心がけ、自分を責めない態度が必要です。自分を責めてしまえば新たな瞋恚の生起となるだけではなく、かえって煩悩がリバウンドして増大する危険性があるからです。

大切なことは、よく心の働きを観察して正しく知ることだと思います。一見よい欲求に見えるものにも、背後には巧妙に微妙な自己中心的な欲求が付着していたり、弱くみえる欲求でも、人前では出さないけれども案外根深い執着があることに気づくこともあります。

ブッダが悟りを開いたときに発したといわれている次の言葉を噛みしめて、私たちの目的地と、苦しみの原因をくりかえし洞察することは、自らの妄執に打ち勝っていくための役に立つと思います。

わたくしは幾多の生涯にわたって生死の流れを無益に経めぐって来た――家屋の作者をさがしもとめて――。あの生涯、この生涯とくりかえすのは苦しいことである。
家屋の作者よ！　汝の正体は見られてしまった。汝はもはや家屋を作ることはないであろう。汝の梁はすべて折れ、家の屋根は壊れてしまった。心は形成作用を離れて、妄執を滅ぼし尽くした。

――KN, dhammapada 153－154, 中村元訳

（28）ダンマによる喪失感、そして安堵感、出離、厭離へ

私たちは、移ろいやすく思い通りにならないものに愛着し、つぎつぎと刺激を求め、対象を手に入れようと欲し、その結果によって一喜一憂し、心が乱れ、それを延々と――おそらくは幾生涯も――繰り返しています。これが凡夫の生きる姿ですが、このような一喜一憂のエンドレスなゲームに一体どのような意味があるというのでしょうか。このゲームをどれだけ繰り返しても、無常な世間のなかで漂うのみで、よりどころとなる安らぎの場所はどこにもないのです。諸行無常と一切行苦を観察できると、ブッダの次の言葉をしっ

かり理解できると思います。

世界はどこでも堅実ではない。どの方角でもすべて動揺している。わたくしは自分のよるべき住所を求めたのであるが、すでに死や苦しみなどにとりつかれていないところを見つけなかった。

——KN, suttanipāta 937, 中村元訳

この世界でどこか理想的な場所があるだろうと期待して探し回っても、どこにもないということに気づくことは、実に偉大な発見なのです。それは天界にいって神々に転生したとしても同じことなのです。

(29) 欲望とは束縛であると気づいた後の心理過程

人を愛すれば愛する人に束縛され、承認されたいと欲すれば他者に縛られ、お金を欲しがればお金に縛られ、名誉が欲しいと思えば評判に縛られ、快楽を求めれば快楽に縛られます。つまり、欲望とは束縛されることなのです。一般的には、欲望を満たすことが幸福

だと考えられていますが、それはダンマとは反対であり、無智だからそう思うということになります。渇愛（taṇhā）はすべて苦しみを招くと理解しはじめると、私たちはつぎのような感覚を味わうかもしれません。

第一は、夢や希望が壊され、落胆や喪失感に襲われます。もはや一喜一憂のゲームには熱狂することも、陶酔することもできなくなってしまったのです。煩悩を中心に生きていた自分への惜別感と未練が交錯します。生きることへの気力が失われ、虚無感や抑うつ状態になるなど、危機に陥ることがあり得ます。

第二は、欲望とそれに基づく幻想に気づいたことによる解放感です。欲望と表裏一体の束縛から解放され、安堵感も味わうでしょう。欲望がなくなると、束縛がなくなり、事実をありのままに見ることができるようになり、智慧を育む土壌ができます。

第三に、エンドレスな騒々しい世俗のゲームを終わりにしたい、参加しないで静かに過ごしたいという気持ちになります。世俗の営みから離れたいという、出離（nekkhamma）や厭離（nibbidā）の思いが湧いてくるのです。妄執から離れられれば、解放された清らかな喜びがやってきます。このような気持ちが強まったとき、出家することが自然なことに思えるかもしれません。

心のエネルギーの源が渇愛（taṇhā）であることに気づくことは、ある意味で恐ろしいことでもあります。世俗世界の舞台裏を見てしまうことだからです。舞台裏を見てしまったら、演劇を以前のようには楽しめなくなるのです。今までのように、世俗において夢や希望をもって、その実現のために突き進もうという爆発的なエネルギーや、目標を達成して大喜びするということが、もはやできなくなってしまうのです。

しかし、一度知ってしまえば、無知な観客には戻ることはできませんし、戻ろうとも思わなくなるのです。無邪気な観客として演劇を観ることが二度とできなくなり、それによって演劇への関心はもたなくなるのです。それは明らかに大きな心の成長なのです。

(30) 清らかな人は世俗での生活が難しい

自分の内面を観察し、渇愛があり、渇愛が苦しみを生みだしていることを確認すると、外部の世界、すなわち他者や世間も、同様に渇愛から生じ、渇愛に囚われ、渇愛によって多くの問題と苦しみが生じていることに気づきます。世間的には賞賛される活動であっても、煩悩が働いているならば、必ず問題や苦しみが生じるのです。資本主義自体が、煩悩をかき立てて利益を上げようとするシステムなのです。宗教やスピリチュアルな思想も、多くは欲望充足のための教えであることに気づくでしょう。このような現実を如実に観察すればするほど、虚無的な気分になるかもしれません。したがって、渇愛とそれがもたらす結果をよく知ることは、競争社会で勝ち抜いたり、そこに適応するためには、必ずしもプラスにはなりません。出離や厭離の意識をもつことによって、ドロップアウトや、不適応に陥る可能性もあるでしょう。人間社会全体が貪欲を前提に構成されているので、欲を否定すると、世俗で生きていくのは容易ではないのです。

> 恥をしらず、烏のように厚かましく、図々しく、ひとを責め、大胆で、心のよごれた者は、生活し易い。
> 恥を知り、常に清きをもとめ、執著をはなたれ、つつしみ深く、真理を見て清く暮す者は、生活し難い。
>
> ――KN, dhammapada 244－245, 中村元訳

このブッダの言葉は、今日もまったく変わらぬ事実です。このような意味で、心を清らかにする道を歩むということと、世俗で生きるということは、本質的な矛盾があり、苦しみから免れないのです。

（31）在家で悟る人は誰もいない

以上のような洞察が深まると、心を清らかにして、苦しみを減らしていくためには、出家がもっとも合理的で、自然なことだということが理解できてきます。原始仏典で、ヴァッチャという遍歴行者が、ブッダに在家者で悟った人はいるのかと尋ねた場面があります。そこでブッダは次のように解答します。

ヴァッチャよ、在家者にして在家者の束縛を断つことなく、身体が滅んだ後、苦の終わりを作る者は誰もいません。

——MN71「婆蹉衢多三明経」片山一良訳

家庭や仕事をもちながら、悟りを開いた人は誰もいないとブッダはいうのです。本当に今回の人生で解脱を求めるならば、出家を選ぶということです。ヴァッチャは続けて、在家者で死後に天界に行くものはいるのかと尋ねます。ブッダは次のように解答します。

ヴァッチャよ、在家者にして在家者の束縛を断つことなく、身体が滅んだ後、天に行く者は、百でもなく、二百でもなく、三百でもなく、四百でもなく、五百でもありません。さらに多くいます。

——MN71「婆蹉衢多三明経」片山一良訳

在家では阿羅漢果を悟ることはできませんが、善業を積めば、天界に生まれ変わることはあるとブッダは説いているのです。

（32）在家で心清らかに生きるための四つの方策

では、出家をせず、心の修行をしながら、清らかに生きていくためにはどうしたらよいでしょうか。まずは、在家では究極の悟りは得られないこと、世俗世界では苦しみは免れないということをよく知ることが大切です。その上で、喪失感に悩まされず、抑うつ状態にも陥らず、世俗世界で幸せに生きていくためには、どうしたらよいか、その方策を考えてみましょう。

第一は、慈悲喜捨を動機として生きることを心がけるということです。慈（メッター mettā）とは人の幸せを望む心、役に立ちたいと願う心です。そこからすべての人や有情

(satta)への友情へと広げていきます。悲(カルナー karuṇā)とは、苦しみを取り除いてあげようとする心、憐れみの心です。喜(ムディター muditā)とは、他人の幸せや繁栄を共に喜ぶ心です。捨(ウペッカー upekkhā)とは、智慧をもって中立に観察する平静な心です。捨があれば、愛情にも憎しみにも傾かず、静かに平静に見守ることができます。すべての人が各々の業と業果によって生きていることを理解するのも捨の心です。

ブッダは、慈悲喜捨の心を無限に育てるようにと説きました。慈悲喜捨の心を育てながら世俗の活動をすれば、社会のために役立ちますし、自らの心が成長し、煩悩の抑止にもなり、善いことづくめです。人を愛すれば(愛着すれば)その人に束縛されますが、慈悲ならば束縛されることはありません。欲望がなくても、慈悲で生きることは可能です。しかも、慈悲の実践は、社会適応的な修行になります。

さらに慈悲喜捨という心やそれに基づく行為は、すべて善行為になり、功徳となります。徳を積むことは、修行の前進に欠かせないことであり、悟りへの準備を蓄えることになります。苦しんでいる人や有情はたくさんいますから、人間界は慈悲の行いをするチャンスがたくさんあるといえます。

在家の修行には限界がありますが、それでも最高の修行をすれば、不還果(anāgāmi)までは到達する可能性があります。もしも不還者になれば、もう人間としては生まれてくることはなく、最後の生を梵天界（五浄居天《じょうごてん》）で過ごすことになります。工夫次第で在家でできることもたくさんあるのです。

第二は、瞑想の修習に励むことです。毎日短い時間だけでも、瞑想をして、心を落ち着けて、離欲や出離の清らかな喜びに満たされることです。

第三は、ダンマを学ぶことです。原始仏典を読んだり、正しくダンマを説く比丘の話を聴いたりすることです。そして、あらゆるものにダンマが貫かれていることを観察するのです。

第四は、法友（カリャーナ・ミッタ kalyāṇa-mitta）と交わることです。法友とは、ブッダの正しい教えを理解し、ダンマに沿って生きる善い友人のことです。ダンマに沿って生きることは、欲望を中心とした世間の意識と逆行することになるので、ストレスを避けられません。心を同じくしない人々と共にいることは困難をともないます。そこで、ダンマの善知識をもつ人や、仏道を真摯に志す人と交流し、学び合い、励まし合うことは、大きな支えになります。法友だからといって、べたべたと近づく必要はありません。適当な距離をもって、お互いの仏道修行の前進を支え合えばよいのです。もし誰もいなければ、ブッダの説いたダンマをよりどころとして、必要以上には他者と交わらず、独りで歩むのがよいのだと思います。

第五は、在家でありながら、できるかぎり出家のような生活を心がけることです。道徳を守り、簡素な生活をし、無駄なことをせず、欲をかかず、怒らず、善行為を行い、心が清らかになるような修行に日々取り組むことです。

どの方策も容易ではありませんが、自分の進む道を明晰な意識で理解し、忍耐と精進と決定心《けつじょう》によって歩むのがよいと思います。

（33）結語　原始仏教の可能性と限界

原始仏教は、日本に本格的に伝わりだしたのは最近のことなので、まだ十分に知られていません。ブッダの教えは、哲学でもなく、学問でもありません。神や神話を信じることによって救済されるというのでもなく、呪術、邪見（ミッチャー・ディッティ miccā diṭṭhi）、妄想から離れることを勧めるので、宗教ではないという見方もあります。原始仏教の教えは、生きることは苦しみであり、苦しみの原因は煩悩にあり、煩悩が完全に消滅した状態が涅槃であり、そこに至る具体的な道を示しています。そのため、真剣に修行をするならば、自らダンマ（法）を検証し、確かめることができますし、自分の心が成長して、確実に変化することを確認することが可能です。このように、原始仏教は究極の悟りを現実的に目指す教えであり、人間の存在論的な苦しみへの根本治療法であり、原因療法だと考えられます。

ブッダは、自己とダンマをよりどころとして自力で修行することを勧め、苦しみを取り除くための方法を教えています。したがって、なにかに頼ったりすがりたい人や、自分の心を観察して清らかにしようという意志や実行力が整っていない人などには、原始仏教は敷居が高いかもしれません。また、無常、苦、無我を観察する徹底したリアリズムなので、夢や希望など、欲望を満たす心地よいものだけをみていたい人にも、近づきがたく感じられるかもしれません。あるいは、目の前の苦しみを取り除きたいという思いや、欲望をかなえることで心が占領されている場合には、即物的な救いを求めてしまい、究極の悟りや真理に関心がもてず、ダンマが理解できないことがあります。このような意味で、原始仏教の教えによってその効果を発揮するためには、ある程度の準備状態と実践力が整っていることを必要とするので、必ずしも万人向けとはいえないところが限界なのかもしれません。

第4章

心は救えるのか

統合されたダンマ・セラピーの可能性

（1）原始仏教と科学的心理学

ここまで、心を救うものを求めて、心に関連する三つの分野、心理学、スピリチュアリティ、原始仏教の概要を眺めてきました。これから、それぞれの特徴を比較して、相違を明らかにしてみようと思います。

はじめに、正当派の科学的心理学と原始仏教を比べると、心を主題とし、客観性を重視するという点で共通しています。しかし、心理学の客観性は、自然科学という方法なので、自ら修行をしたり、内省したりはしません。あくまでも研究者は別の場所にいて、三人称的に観察できる他者の心を対象として、数値化するなどして分析を行います。それに対して、原始仏教は、自ら修行をして、自らダンマ（法）を検証し、自分の心を清らかに変えようとするのです。修行の基本は、一人称的な方法による自己の心身の観察であり、それができたら外側の二人称、三人称に観察を広げ、真理を悟ることが目標なのです。

心理学は心の科学的な事実を知ることを目的とし、仏教は煩悩による苦しみを滅尽して悟ることが目的です。仏道を真剣に実践すれば阿羅漢になる可能性がありますが、心理学を研究して悟った人はいませんし、これからもいないでしょう。仏道は、知的満足のためにあるのではなく、私たちに刺さっている煩悩の矢を抜くための実践道なのです。

科学的心理学の学説は、日進月歩に変化します。フロリダ大学のニーマイヤーらの研究によると、心理臨床に関連する知識は、七〜九年程度でおよそ半分が古くなり、更新が必要になるといわれています。心理学は、他の分野の自然科学と同様に、次々とアップデートされているのです。それに対して、ブッダの説いたダンマは変わることも、付け足されることもありません。それは究極の真理だからです。変わるとすれば、細部の運用にかかわる部分に限られるでしょう。

このように、正当派の科学的心理学と原始仏教は、心を主題としているという点では重なる部分はありますが、目的、対象、方法論がそれぞれ異なっているのです。

（2）世俗諦と勝義諦

現代では、科学的な知見は真理であると信じる人が多いのですが、実際には科学的知見は日々変化します。このように、ある程度合意されているけれども、状況によって変化する暫定的な真理を、仏教では世俗諦（サンムティ・サッチャ sammuti sacca、サンムティ・ダンマ sammuti dhamma、英訳すると conventional truth）と呼びます。社会規範、学問、法律などはすべて慣用的な真理なので世俗諦です。世俗諦は、意思疎通のために仮に設定された道具に過ぎません。世俗諦は慣例であり、権力者によって決められたものや多数決で支持されたものであり、その内容は無常なので、揺るぎないよりどころには決してなりえないのです。世俗諦は仮に知らされているものに過ぎないので施設《せせつ》（パンニャッティ paññatti）とも呼ばれます。

一方、変化することのない、究極の普遍的真理を勝義諦（パラマッタ・サッチャ paramattha sacca、パラマッタ・ダンマ paramattha dhamma、英訳すると ultimate truth）と呼びます。勝義諦は、変化することがなく、普遍的であり、言語表現を超えた絶対的な真理です。時代や文化による影響を勝義諦は一切受けることがありません。ブッダは言語を用いて勝義諦を指し示し、修行によってそれを各々確認するように説いたのです。ブッダの教えを後代に整理したアビダンマ（論蔵）によると、勝義諦としてこの世界に存在するのは、心（チッタ citta）、心所（チェータシカ cetasika）、物質（ルーパ rūpa）、涅槃（ニッバーナ nibbāna）であるとされています。

ダンマ（真理）を悟るためには、世俗諦と勝義諦を峻別できる智慧を身につけることが決定的に重要なのです。そのような視点で見るならば、原始仏教は勝義諦を指し示す教えであり、出世間法（ロクッタラ・ダンマ lokuttara dhamma）なのです。一方で、心理学の内容はすべて世俗諦であり、スピリチュアリティの言説もそのほとんどが世俗諦であり、世間法（ロキヤ・ダンマ lokiya dhamma）に留まっているのです。

（３）マインドフルネス・セラピーに欠けているもの

第1章第12節で、心理学でも原始仏教の瞑想を一部取り入れ、マインドフルネス認知行動療法などを皮切りに、マインドフルネスブームが広がっているものの、瞑想法としては限界があることを指摘しました。その限界の一つは、瞑想ができない、深まらない、続かない人は多いということです。よい瞑想ができるためには、そうなるための条件が整う必要があるのです。それについて、ブッダは次のように説いています。

正しい見解から、正しい思考が生じる。正しい思考から、正しいことばが生じる。正しいことばから、正しい行為が生じる。正しい行為から、正しい生活が生じる。正しい生活から、正しい努力が生じる。正しい努力から、正しい気づきが生じる。正しい気づきから、正しい精神統一が生じる。正しい精神統一から、正しい知る智が生じる。正しい知る智から、正しい解脱が生じる。

このように、正見、正思、正語、正業、正命、正精進が順に成立することによって、それを縁として正しい気づき（サンマーサティ sammāsati：正しいマインドフルネス）が生じ、正しい気づきによって正しい三昧（サンマーサマーディ sammāsamādhi：正しく集中した瞑想）が生じ、それによって正しい智慧を得て、苦しみの滅尽に至るというのが八正道です。

——DN18「闍尼沙経」渡辺研二訳

したがって、正見がなく、自らの欲の達成や、苦しみへの嫌悪感によって瞑想をはじめても、瞑想を実現する条件が揃っていなければ、瞑想ができないか、深まらないか、続かないのです。仮に瞑想がある程度できても、それを適切に活用し、次につなげることが難しいのです。それだけではなく、正見がないままに瞑想ができてしまうと、間違った道に入り込み、より困難な苦しみを引き寄せてしまう危険性があることは第3章第9節で述べました。

八正道のほかにも、瞑想ができるためには、さまざまな条件が必要です。瞑想も、因縁の中で生じる現象ですから、マインドフルネス瞑想だけを取り出して技法化するのでは、すぐに限界に突き当たるのです。自然科学の学説は、注目している因子だけに限れば正しいのですが、現実は無数の因子の中で現象が起きていることをしばしば見落としています。

そのため、科学の学説は流行のように一定しないのです。

箸は二本で一膳です。一本だけでも、爪楊枝のようにリンゴなどを刺して使うことはできますが、食べ物を挟むという本来の目的は果たせません。同様に、マンドフルネス瞑想だけでも、いくつかの生理的・心理的効果がでることはありますが、智慧を得て苦しみを断つという瞑想の本来の目的は果たせません。箸は一本でばら売りされることはありませんが、マインドフルネスは不思議なことにばら売りされています。

バットの素振りを毎日練習すれば、球を打てるようになるかもしれません。しかし、球を打てたとしても、野球のルールや戦術を知らなければ、打っても三塁方向に走ってしまうかもしれません。それでは戦力にはならないのです。同様に、マインドフルネス瞑想を毎日行えば、心身の健康が少し改善されるかもしれません。しかし、正見からの積み重ねがなければ、それをより重要な目的のために活用できないのです。ある程度の瞑想ができたとしても、かえって新たな欲望を高めてしまうかもしれず、間違った見解を抱く危険もあり、瞑想本来の成果を得ることはできないのです。

実際、私は大学の授業やその他の多くの場所で瞑想法を伝えていますが、少しできるようになると、有頂天になったり、瞑想の心地よさに耽溺や執着を起こしたり、あるいは願望実現法や超能力開発に走ろうとする人も少なくありません。正見に基づかない瞑想は、よい実を結び難いだけではなく、間違った方向に進んでしまうことも少なくないのです。部分的な瞑想体験が、特定の観念や意味づけと結びつけば、邪見（ミッチャー・ディッティ miccā diṭṭhi）をより強固にしてしまうことがあるのです。ダンマ（dhamma）の理解がなければ、瞑想をしても、下手をすると、邪念と邪定になり、執着や欲望を深め、苦しみを増幅する結果にもなりかねないのです。

心理学が瞑想を取り扱うとき、宗教色を取り除き、技法だけを取り出して、薬の効能のように効果を謳おうとすることは、実践者に抵抗感をもたせないためという理由を考えると、まったく理解できないことではありません。しかし、そこで取り除いたものが、いかに大きなものであるのか、そこで生じる危険性はいかなるものか、よく理解する必要があります。瞑想を学びに来る方たちのお話を聴くと、「マインドフルネスの講座に参加したが、底が浅いと感じた」という感想がよく聞かれます。心理学はフラットランドを脱して、世間法を超えた領域に視野を広げる必要があるのですが、現状では残念ながら期待できそうにありません。

ブッダの苦しみの根本治療法は、四諦八正道がそうであるように、四念処も、五根五力も、七覚支も、さまざまな瞑想法も、どの処方箋も一体のシステムとして機能するように完成されているのです。このシステムをばら売りし、ダンマを取り除き、メソッドとしての瞑想だけを取り出したのが、マインドフルネス認知行動療法や、マインドフルネスブームなのです。

さらにいえば、マインドフルネス瞑想は、原始仏教の言葉でいうと、ただ観察するだけで、正知（サンパジャンニャ sampajañña：明瞭に理解すること）がありません。ヴィパッサナー瞑想では、正念正知（サティサンパジャンニャ satisampajañña）によってダンマを証悟することがもっとも重要なのです。正念正知がなければ、せっかく瞑想に励んでも、智慧が深まらず、悟りに向かうことはありません。もしマインドフルネスだけで心が清らかになり、悟りが開けるのであれば、一流のアスリートたちは皆、解脱しているに違いありません。彼らは非常に研ぎ澄まされた気づきと集中力をトレーニングによって養っているからです。しかし実際は、アスリートだからといって心が清らかになったり、悟りが開かれることはありません。八正道と正念正知がなければ、健康改善やパフォーマンス向上以上の実りは期待できないのです。科学的な世界観にとらわれている限り、瞑想の奥深さを理解することはできないのです。

（４）精神分析と原始仏教　渇愛と無意識の重視

脱フラットランド的な心理学と原始仏教を比較してみましょう。はじめに、脱フラットランドの旗手であるフロイトの精神分析ですが、原始仏教の教えとは、一脈通じるところがあります。第1章で述べたように、フロイトは、人間の心にははじめにエスがあり、エスは快楽を求めて止まない衝動に支配されていると考えました。さらに、リビドーの本質は性的な欲動であると考えたのです。これは、現代の心理学ではあまり評価されていないのですが、ある意味では、ダンマに通ずる慧眼です。

ブッダは、命の生存の原因は何かを欲すること（タンハー taṇhā：渇愛）であることを発見し、タンハーを滅することによって、苦しみを滅ぼせると悟ったのです。タンハーのなかでも、愛欲はもっとも抜き難いものであり、苦しみを引き寄せるので、これを手放せという趣旨の説法が随所に見られます。

愛欲に駆り立てられた人々は、わなにかかった兎のように、ばたばたする。束縛の絆にしばられ愛著になずみ、永いあいだくりかえし苦悩を受ける。

——KN, dhammapada 342, 中村元訳

フロイトは晩年、「断念することを覚えれば人生は結構楽しい」という含蓄のある言葉を残しています。欲望の充足を諦観すれば楽になるというように受けとめられます。あるいは、「エスあるところに自我あらしめよ」というのもフロイトの有名な言葉なのですが、これは、快感原則の支配するエスに対して、理性的な自我の力を強化することによって心を統制すれば、神経症の治療にも役立ち、適切に生きることができるという思想です。そのため、精神分析の治療においては、患者の欲求を直接満たすことは避け、そのような欲求を言語化して意識化するよう促すという禁欲原則を主張し、それを治療の基本原則としたのです。

フロイトの禁欲原則も、ブッダの離欲（欲を手放すこと）の教えと通ずるところがあると思います。ブッダの修行の基本は、戒律を守り、欲を断つことです。さらに、ブッダの教えは、単に欲望を断念するだけではなく、そもそも欲を根本から捨て去るための修行に励むということですから、フロイトよりもさらに徹底しています。フロイトは、リビドーの欲望を取り去る方法があるとまでは考えつかなかったのではないかと思います。

フロイトにはじまる深層心理学は、無意識に心の問題の原因があるため、無意識を意識

化し、浄化することを目指しています。実はこれも、原始仏教と通じるところがあるのです。ブッダは、今現れている煩悩だけではなく、潜在的な煩悩（anusaya kilesa）を滅ぼし尽くすように説いているからです。

たとえ樹を切っても、もしも頑強な根を断たなければ、樹が再び成長するように、妄執（渇愛）の根源となる潜勢力（anusaya）をほろぼさないならば、この苦しみはくりかえし現われ出る。

——KN, dhammapada 338, 中村元訳

知的な学習によって、表層の意識を変化させることはできますが、無意識はほとんど変えることはできません。心の問題を解決するためには、無意識の浄化が欠かせないというのは、精神分析と原始仏教の共通した見解なのです。その方法は、精神分析では、当初は催眠によって、後には自由連想法という方法によって無意識を意識化し、浄化（カタルシス）し、自我によって統制できるように、心を徹底操作しました。原始仏教では、戒律を守り、集中型のサマタ瞑想と、観察型のヴィパッサナー瞑想を修習し、智慧を得ることによって、潜在的な煩悩を滅ぼしていくのです。

（5）原始仏教と脱フラットランド心理学の連携の可能性

世間法から出世間法までのフルスペクトル

精神分析をはじめとする、ユング心理学、人間性心理学などの脱フラットランド心理学全体では、原始仏教とどのように重なり、どのように異なっているのでしょうか。第1章で述べたとおり、これらの心理学は、個人の内的世界や、深層意識にまで踏み込んで、内省や対話によって研究してきました。一人称的、二人称的に心の働きをよく観察して知ろうとする方法は、原始仏教のヴィパッサナー瞑想と重なるところがあります。

対話による心理療法を研究した臨床心理学は、心の病や悩みをもつ人々に対する理解を深め、さまざまな援助法を開発しました。これは仏教にはあまり見られない部分だと思います。認知行動療法のような科学的な心理学は、いわゆるエビデンスを提示して、心の病への治療効果があることを示しています。脱フラットランド志向のさまざまな心理療法は、症状の改善や、社会適応だけではなく、生き方そのものを共に考える視野の広さも備えています。したがって、無意識を探究したり、自己実現や個性化を援助するための知見を膨大に蓄積しています。

一方、臨床心理学を学んだり、心理療法を受けたとしても、苦しみを根絶したり、悟ることはできません。心理学はいずれも悟りに関する問題意識がなく、まったく無知なのです。

原始仏教は、人間の苦しみの根治を目的としているのに対して、心理療法はより卑近な心の問題に対する対人援助法であり、対症療法なのです。そのときの相談内容に限定すれば、心理療法によって根治される場合もありますが、当該問題が解決しても、生きる苦しみをはじめとして、その他の苦しみから解放されることはありません。

別の言い方をすれば、心理療法は世間的（ロキヤ lokiya：世間的な領域）な心の援助法や生き方を探求し、原始仏教は究極の悟りに導く修行法や出世間的（ロクッタラ lokuttara：世間の領域を超え涅槃に向かう領域）な心の在り方を説いているのです。

このように、原始仏教と、脱フラットランド的な心理学や臨床心理学は、内省によって心を観察して理解を深めるという点で重なっていますが、心理学は出世間的な領域に対応することができません。一方で、原始仏教のダンマは、世間的から出世間的なすべての領域に対応可能です。しかも、出世間的な解脱という目的に向かって一直線の教えなのです。心理学がもつ世間的な心への独自の知見や技法と、原始仏教の出世間的なダンマに基づく修行法を適時に組み合わせることによって、それぞれの強みを生かした連携がある程度可能ではないかと考えられます。心理学が蓄積してきた種々の援助法は、慈悲にもとづく実践方法として利用できるのです。そのため、原始仏教と、心理療法は、連携することによって、世間的から出世間的までのフルスペクトルな領域での、心の援助と修行が可能になると考えられます。その具体的な試みを次に考えてみましょう。

（6）瞑想と心理療法

仏教と心理学を連携する試みとして、日本でもすでに仏教心理学会という学会が設立されています。特に原始仏教は、教義や神話を信じ込むことを求める宗教でもなく、悟りという目標やそこに至るための修行法が明快ですから、もっとも心理学的です。原始仏教は、およそ二五〇〇年の間実践されながら、その効果の検証に耐え、しかも根幹においてはほぼ修正されていないという事実を考えると、アップデートの激しい現代の心理学よりも、より完成された実践的な心理学といえるように思われます。

私は、自分なりに原始仏教を取り入れた心理療法を試みてきました。たとえば、心理療法を行う前に時間を取って瞑想し、心を精妙な状態に静めてからクライエント（相談者）にお会いするようにしています。瞑想によって精妙で平静な意識が現れると、カウンセラーとしてのパフォーマンスが高まるだけではなく、瞑想的な意識の場が形成され、それがクライエントの意識にまで波及し、より建設的で洞察に富んだ展開になりやすいのです。

そこまでいかなくとも、心理療法を瞑想的な場で包み込むことによって、そこにいるセラピストとクライエントの思考や感情の暴走が抑制されやすくなるのです。その結果として、対話が理性的で、意味深く、建設的なものになりやすく、よい洞察や着想を得やすくなるということを発見したのです。

第1章で述べたとおり、治療技法は治療においてたった一五％程度しか影響をもたらしませんが、意識状態はそれ以上に影響を与えているのかもしれないのです。瞑想的意識の場を整えたところに相談者を迎え入れるということが、とても重要な隠された治療要因なのではないかと私は感じています。

このような、瞑想的意識において対人援助を行なうことを、私はかつてスピリット・センタード・セラピーと名づけました。治療者が心身を調え、意識のモードを切り替えることの意義や影響について関心のある方は、前出の拙著『スピリット・センタード・セラピー：瞑想意識による援助と悟り』で論考を深めていますので、ご参照いただければ幸いです。

さらに、より積極的な相談者の場合には、瞑想法を直接教えることがとても有効です。私は相談者に適した瞑想法を伝え、セッションのなかで共に瞑想し、フィードバックを受けて助言をします。家での瞑想の状態やそれによる気づきや心身の変化をきいて、それについて話し合います。単なる瞑想技法の伝達だけではなく、ダンマを適切に伝え、ダンマを確認する瞑想法になるように促しますので、マンドフルネス認知行動療法のような健康法の限界を超えて、心の成長を促す開発的なカウンセリングにもなりますし、さらに出世間の悟りに向かうことが可能になります。心の苦しみをなくし、心を救うためには、出世間の知は不可欠なものです。原始仏教のダンマによって、瞑想はその真価を存分に発揮することが可能になります。最近はマインドフルネスに飽き足らなくなり、ブッダの教えに関心をもち、自ら学び、瞑想に取り組もうとする人が少しずつ増えてきています。

（7）ダンマ・セラピーの試み

このように、相談者の資質とニーズに応じて、瞑想法を伝えることに加えて、ダンマを直接お話しすることは大変大きな意味があります。といっても、いきなり原始仏教の講義をするわけではなく、相談者の心の状況と語られる内容に即して、ダンマを自然に語ることが適切である場合が多いでしょう。私はこれをダンマ・セラピーと呼んでいます。

ひとつの例を挙げます。たとえば、「ずっと家族との葛藤に苦しめられて、本当に絶望しています」と語られた場合に、相手の心理状態や理解力、お互いの信頼関係、タイミングなどを見計らって、「本当に大変ですね。でも終わらない苦しみというのはありませんから、これからも落ち着いて状況を観察していきましょう」と応じたり、あるいは「人との関係は必ず変わっていくものですから、絶望しなくても大丈夫だと思いますよ」とか、「終わらない嵐がないように、今はじっと耐えるしかないかもしれませんが、状況が変わるときは来ると思います」などと応じるのです。

これは、自然な流れで諸行無常（sabbe saṅkhārā aniccā）というダンマを語っているのです。日本人であれば、無常という言葉はたいてい知っていますので、もっと直接的に、「諸行無常っていう言葉はご存知でしょうか。お釈迦様の言葉なのですが、すべては移り変わり、過ぎ去っていくという意味です。ですので、今の苦しい状況もいつか必ず変化して、この状況が終わるときが来るということです」と伝えてもよいでしょう。そして、このような言葉に、相談者がどのように反応するかをよく観察します。よく理解しているようだったり、関心を持つようであれば、無常ということを、今の現状に即して、あるいは過去を振り返って、もっと話しあえるとよいのです。そうすると、無常ということが、身に染みて理解できるのです。「確かにすべては無常だ！」と理解が深まれば、現在の苦しみだけではなく、この世界のあらゆる状況おいて、あらゆる現象において、すべては過ぎ去るということ、すべては変化するということが、心に刻まれて、困難に対する受け止め方が変化していくでしょう。無常をよく理解するにつれて、過剰な期待や執着が弱まり、絶望したり、圧倒されることが少なくなり、苦しみが減っていくのです。その心理的な変化もよく観察することが大切です。これは、対症療法ではなく、智慧を開発することによる、苦しみの根治療法なのです。ダンマによるセラピーは、その場しのぎの対症療法ではなく、苦しみの原因をよく理解することによる根治療法なのです。

二つめの例を挙げます。たとえば、「こんな辛いことばかり続くと、生きる気力がなくなってきます。なんで私ばかりこんな目に遭うのでしょうか」と語られた場合です。このようなときも、相手の心理状態や理解力、お互いの信頼関係、タイミングなどを見計らった上で、「辛いですよね。生きていると苦しいことが避けられないですよね」と応じたり、「幸せそうにみえる人でも、皆、本当のところはいろいろ悩みを抱えているものですよ。生きるということは、苦しみから逃れられないということなのではないでしょうか」と対応したりします。これは、自然な流れのなかで一切行苦（sabbe saṅkhārā dukkha）というダンマを語っています。この場合も、相談者の反応をよく見極めた上で、もしもよく理解していたり、積極的な関心を示した場合には、より直接的に、「お釈迦様は一切行苦といって、煩悩がある限り苦しみは必ず生じると説いたのですよ」と伝えるなどして、生きることには必ず苦しみを伴うという普遍的なダンマを投げかけてみるのです。もしも一切行苦が腑に落ちるならば、「その原因は何でしょうか」と問いかけたり、「お釈迦様は苦しみの原因は煩悩であるといっています。煩悩とは何のことでしょう」などといって、理解を深めてゆくのもよいでしょう。もしも、生きることは苦しみであり、それは自らの煩悩が原因だということがはっきりと見えてくるならば、それは四聖諦の第一と第二を、自分の人生を通して理解したということになります。これは、苦しみを滅する道を進むために欠かせない第一歩目を踏み出したということになります。このようにして、出世間の悟りの方向へと導くのが、ダンマ・セラピーなのです。

（８）ダンマ・セラピーは対等な人間同士の実存的対話である

三つめの例を挙げます。たとえば、「もう残りの人生も短くなりました。仕事も家庭の役割も一段落したので、あの世に行くまでにいちばん大切なことはなにかを知りたくて、ご相談に来ました」というような場合はどうでしょうか。この例は、前の二つの例とは大きく異なった相談であることがおわかりになるでしょうか。三つめの例は、目の前の悩み苦しみを取り除きたいということではなく、生きている間になにをすることがもっとも意味があることなのかという、より深いレベルの相談なのです。これは、症状の治療や不適応を治す科学的な治療法では対応できません。脱フラッドランド心理学でも、ご本人が自分で意味のあると思えることを見つけるのを手伝うことしかできません。治療的なカウンセリングではなく、開発的なカウンセリングでなければ対応できないのです。しかも、生きる意味を問うているのですから、ダンマを伝える以上に有益なものはないでしょう。

今、日本は超高齢化社会で、大量死の時代です。年齢を重ねれば誰でも自動的に心が成熟するわけではありませんが、自分の死が近づいていることを切実に感じるにつれて、生きる意味を真剣に考えはじめる方は少なくなりません。そういう意味では、死はよい薬であるともいえます。実際、ブッダは死を対象とするさまざまな瞑想法を修行者に勧めています。

このような生きる意味を問う相談には、もちろんご本人がどうしたいかということがもっとも大切ですから、それについて質問し、傾聴します。対話のなかで、相手がこちらから手がかりを与えてくれるのを求めている場合には、ダンマに基づいて、より能動的な提案をすることができます。たとえば、「人生のなかで善行為と悪行為のどちらをたくさんしたかによって、死に方や次の人生が決まると仏教ではいわれています。今回の人生はいかがでしたか?」と問いかけて、もしも善行為が足りなかったと感じられる場合には、残りの人生でどのような善行為ができるのかを一緒に考えてみるのもよいでしょう。

あるいは「お釈迦様は心を自ら浄くすることが大切だと仰っています。それを残りの人生で取り組んでみるというのはいかがでしょう」などと提案してみます。人生を真剣に考えている人であれば、年を取っても心に煩悩があることは容易に気づけるでしょう。心の浄化に関心をもたれるようであれば、具体的な瞑想法や、ダンマについて伝えるとよいのです。

あるいは、「私は毎日瞑想をしているおかげで、心のひどい暴走は食い止められている感じがします。瞑想をすると、心が落ち着いて平静になれることが多いのです」などとカウンセラーの個人的な経験を伝える場合もあります。そうすると、「瞑想はどんなことをするのですか？　それはどんな意味があるのですか？」などと、関心をもたれるかもしれません。これは、治療者と相談者という関係というよりは、互いに自らの煩悩によって苦しみを抱え、やがて死を迎えざるを得ない宿命を背負った人間同士の、実存的な対話なのです。ですので、上下関係で伝えるのではなく、「私はこのようにしてみていますが……」などと、一個人としての生き様をひとつの題材として相談者の前に差し出しのです。それに対して、相談者は受け入れることもできるし、受け入れないこともできるという、押し付けない自由な空気をつくりだすことが大切です。かといって、へりくだりすぎて卑屈になるのはよくありません。対等な人間同士として、それぞれが率直に、なにをすることが最善なのか、語り合うのです。

このような開発的なカウンセリングでは、ダンマを直接的に話すということが有効な場合が少なくありません。それは、ダンマが宗教ではなく、普遍的な真理だからなのだと思います。ダンマがしっかり了解されれば、良薬として心の深層にまで影響をあたえ、対症療法ではなく、苦しみの根治療法へと転じていくのです。もしも生まれ変わりがあるのだとすれば、ダンマ・セラピーが心の深いところで始動された場合には、今回の人生だけではなく、転生の先にまで役立ち続けるのではないかとも考えられます。出世間法であるダンマは、生死を貫く良薬であるように思われます。

（９）ダンマ・セラピーに求められる条件と動機づけ

このように、相談者のニーズ、状況、理解力、動機、資質、関係性などをよく見極めて、ダンマを自然な流れのなかで示していくのがダンマ・セラピーです。ダンマ・セラピーは治療的なカウンセリングにおいても、開発的カウンセリングにおいても適用可能ですが、後者の方がより効果的である場合が多いでしょう。なぜならば、後者の方が相談者の心の準備状態が進んでいることが多いため、より的確に吸収できるのです。

人間は、苦しみや、病や死に直面して、はじめて真剣に考えられるようになることが少なくありません。そのため、一見災難に見えることも、ダンマに目が開かれるチャンスでもあるのです。ダンマ・セラピーでは、自分の心の現実に即してダンマが伝えられるので、理解力のある方はスッと心に入るのです。

ある相談者の方は、「いろいろ相談させていただいて、どの悩みにも欲があるといわれて、本当に腑に落ちました。いろんなことがありましたけれど、結局は私の欲なのだとよく分かりました」と語られました。これは大変なダンマの洞察です。今後この方は、いろいろな苦しみが生じるたびに、ご自身の心にある欲に気づけるかもしれません。そうなれば、苦しみはずっと少なくなるでしょうし、自分で理解し、自分で対処できるという心のゆとりが生まれます。

このような理解ができる方であれば、欲が生じたとき、欲の生滅の過程や、それによってどのように身体感覚が変化するのか、欲がなにを結果としてもたらすのか、などをヴィパッサナー瞑想をして観察するように伝えます。そして、欲から解放されていくプロセスをさらに観察し、何が苦しみの原因で、何が苦しみからの解放なのかを自ら確認してもらうのです。このような観察や理解を進めるためには、自立した心構えと、問題を客観的に俯瞰し、そのメカニズムを正しく知ろうとする意志が必要とされます。ですので、ダンマ・セラピーでは、このような自立的で客観的な観察眼を養うよう、動機づけをしていくことも大切です。社会や他人のせいにするだけではなく、目下の苦しみを取り除くことだけに心が奪われるのでもなく、自分の課題を自ら受け止め、心身によく気づき、明晰に事態を理解できるようになると、心は自ずから調ってくると思います。

（10）ダンマ・セラピーの対象と大切な四つのこと

ダンマの恩恵を受ける可能性があるのは、煩悩をもつすべての人間です。したがって、人類の少なくとも九九・九％がそれに該当するでしょう。したがって、ダンマ・セラピーは、通常のカウンセリングのように、今差し迫った悩みや症状、不適応などの問題を抱えている人だけが対象なのではなく、煩悩によって苦しみを味わうすべての人が対象になりえます。どんなに社会的に成功している人でも、莫大の富をもっている人でも、どんなに学識豊かな人でも、煩悩がある限り、ダンマという薬を飲めば、よい効果を実感できると思います。

また、ブッダの説いたダンマは、一宗教に限られたものではなく、普遍性がありますので、信心がなくても、他のどのような信仰を持っていたとしても、柔軟さと観察力さえあれば、誰でも理解できる可能性があります。私の経験では、宗教を信仰されている方にダンマの直接的な話をしても、まったく問題ないことが少なくありません。むしろ、宗教を通して自らの心と向き合ってこられた方は、信仰の限界をよく理解できたり、煩悩が苦しみを生み出していることをすぐに理解し、納得される方も少なくないのです。ただし、今までの信仰と齟齬を来す場合には、ダンマを受け入れるのに抵抗が生じたり、理解するために時間がかかる場合があります。ダンマ・セラピーは宗教や信仰を否定したり、改宗を迫るものではなく、ただ事実をありのままによく観察して下さい、それが苦しみを取り除く道です、というだけなのです。もちろん、まったく理解ができなかったり、拒絶感を感じる方もいらっしゃいますので、そのような方には決して押しつけないという配慮がとても大切であることはいうまでもありません。

最近は、瞑想を学びたいという人も増えてきましたので、私の場合は、そのような方には、適切と思われる瞑想法をお伝えしたり、継続できるように適切な瞑想会などへの参加を勧めます。ダンマを理解し、意欲を持たれる方には、法友（カリャーナ・ミッタ kalyāṇa-mitta）のような心をもって関わらせていただいています。

ダンマ・セラピーを実践するためには、次の四つのことが大切だと感じています。

第一は、相談者の気根、理解力、資質、準備状態をよく把握することです。ダンマを理解する素地や準備状態がない方に伝えても空振りに終わります。特に、頑なに自らの見解に固執している人にはダンマは入りません。ブッダも、つねに相手に応じた待機説法によって、ひとりひとりに異なる対応をされました。

第二は、どのようなタイミングで、どのような言葉で、どのような意識でダンマを伝えるかを注意深く選択することです。押しつけの説法になるのでもなく、ダンマがおまけのようになってしまうのも適切ではありません。無常、苦、無我、因果、縁起などが具体的な文脈で語られたときに、具体的な体験に十分な理解と共感を持ちながら、そこに見いだせるダンマをきっぱりと明確に述べるのがよいと思います。その言葉かけの仕方には、カウンセリングの技法や経験が役に立ちます。

第三は、とても大切なことですが、カウンセラー自身が、ダンマを深く理解し、あらゆる現象にダンマを見いだして生きているということです。知識のレベルではなく、智慧によってダンマを語れれば、言葉に命が宿り、準備のできている人の心に染み通る力をもつからです。

第四は、謙虚さと慈悲をもって行うことです。煩悩が少しでもあるということは、ブッダのダンマを完全には理解できていないということです。ですので、ダンマ・セラピーは、お互いに煩悩の矢が刺さった無智なもの同士で支え合う対話であるという自覚と謙虚さが欠かせません。そして、煩悩の火に焼かれて苦しみをもつ者への慈悲心に基づいて行われることがとても大切です。ダンマによる完全な指導は悟りを得た阿羅漢にしかできません。ですので、私たちは、不完全なダンマ・セラピーを、慈悲の心をもって、実存的な対話として行うという理解が必要なのです。ダンマ・セラピーは、実存的なファシリテーション（求法の促進）なのです。

この四つの条件が整えば、心理療法とダンマがみごとに連携し、ダンマを的確に伝え、ダンマによる援助をするということ、つまりダンマ・セラピーが実現し、世間的（lokiya）から出世間的（lokuttara）にわたるフルスペクトルの援助が可能になると思います。

（11）スピリチュアリティと原始仏教

自己はあるのでもなくないのでもない

次に、スピリチュアリティと原始仏教はどのように重なり、どのように異なっているのか検討してみましょう。スピリチュアリティを研究するトランスパーソナル心理学と原始仏教は、自己が固定的なものではなく流動的なものであるという認識、そして最終的には悟りを目指しているという点において、共通しています。しかし、自己の捉え方と、目標としての悟りについての考え方が厳密にみると異なっているように思われます。まずは、自己の捉え方です。
トランスパーソナルでは、一度合理的な自我としての個を確立した後、アイデンティティが徐々に拡大し、最終的に非二元的な大いなるものにまで自己は一体化し、ワンネスに至ると考えます。ここでは、自己は成長によって段階を経て拡大されるものなのです。
一方でブッダは自己をどのように捉えているのでしょうか。

それゆえ、アーナンダよ、ここに、そなたたちは、自己を島とし、自己を依り所とし、他を依り所とせずに、法を島とし、法を依り所とし、他を依り所とせずに、住みなさい。

——DN16「大般涅槃経」片山訳

自己こそ自分の主である。他人がどうして（自分の）主であろうか？ 自己をよくととのえたならば、得難き主を得る。

——KN, dhammapada 160, 中村元訳

このように、ブッダは自己を依り所として、自己を主とせよと説き、自己をとても重視

します。しかし同時に、ブッダは自己（attan）は無我（anattan）であるとも繰り返し説いています。

修行僧たちよ、身体（色《しき》）は無我である。修行僧たちよ、もし身体が我であるならば、身体は病いにかかることはないであろうし、また身体に対して、私の身体はこのようになれ、私の身体はこのようにあってはならないとかいうことができるであろう。しかしながら修行僧たちよ、身体は我ではない。それゆえ、この身体が病気になることもあるし、また身体に対して、わたしの身体はこのようにあれとか、このようにあってはならないとかいうことができないのである。

——SN22「蘊相応」羽矢辰夫・平木光二訳

同様にして、感受（受）、知覚（相）、形成力（行）、認識（識）についても、自分の思い通りになるものではなく、身心（五蘊《ごうん》）すべてが我ならざるもの（非我）であると説きます。さらに、

およそどんな身体であれ、過去・未来・現在の、内的・外的、粗大・微細の、

劣った・優れた、遠くにある・近くにあるすべての身体を、『これはわたしのものではない、これはわたしではない、わたしはこれではない』と、これをありのままに正しい智慧によって見るべきである。

――SN22「蘊相応」羽矢辰夫・平木光二訳

として、感受（受）、知覚（相）、形成力（行）、認識（識）も同様に観て、身心（五蘊）すべてが私ではない、すなわち無我であることを観察するよう説いています。

ブッダの説法は、もっとも理解しやすい無常からはじまり、五蘊（身体と心）が無常であることを確認し、次に無常であるものは苦であることを確認し、最後に無常であり苦であるものは私でもなく私のものでもない（無我）と説く論法です。これによって、「私がある」という幻想が根本から突き崩されるのです。

ブッダは素朴な経験的な意味での自己（attan）は否定していません。むしろ自己をよりどころとして、自己を調えるように説きます。一方でその自己というものは、他の諸々の現象と同様に、無常であり、因縁によって生じているものであり、実体としては実在していません。自己は素朴な経験的な意味においては存在していますが、厳密な意味においては実在していないのです。自己はあるのでもなく、ないのでもない、ということなのです。

「私」と思い込んでいるものは、原因と縁起によって継続的に立ち現れているように見える現象に過ぎません。「私」とはスクリーンに映された映画のなかの人物のごときものです。私たちは映画の中の登場人物に感情移入して興奮することがありますが、現実の世界で自分に執着するのも、これと同じことなのです。上映が終わり、映像を映し出す因縁が消えれば、それによって登場人物も消えてしまうので、登場人物に同一化しても意味がありません。同様に、「私」という現象も、渇愛が滅尽し、過去の業や諸縁が滅すれば、世間から消失すると原始仏教は教えます。しかし、渇愛が滅尽せず、煩悩によって生存の種を蒔き続ければ、エンドレスで新しい映画が上映されてしまうのです。私たちが私自身と思っている心身（名色《みょうしき》 nāma-rūpa）という現象が、無常、苦、無我であることをヴィパッサナー瞑想によって確認すると、私が映画の登場人物のごときバーチャルな存在だったことに気づき、無明が晴れて我執が足元から崩壊し、解脱するのだと思います。

　トランスパーソナルとの比較に話を戻しますと、トランスパーソナルでは確立された自己の実在を一度認めて、やがてそれが成長とともに拡大して非二元と一体になると考えるのに対して、原始仏教では、そもそも自己という実体ははじめから存在していないのであり、そのことを証悟して、自己への執着が滅するように導くのです。似ているようですが、両者の見解は異なっています。

また、スピリチュアリズムにおいては、江原氏の見解もそうですが、命は永遠であることが強調されます。それゆえに死は悲観するものではなく、希望があるというのです。しかし、それは生きることは素晴らしいことだという生存欲に基づいた価値判断です。原始仏教においては、生存する限り苦しみから免れないのであり、生存欲も手放すべき煩悩の一つです。もしも命が永遠であれば、苦しみも永遠であり、希望よりもむしろ絶望なのではないでしょうか。永遠の命という教えは、涅槃に対する無知なのです。このような意味で、スピリチュアリズムも世間法であり、出世間法ではないといえるのです。

(12) 魂、霊、アートマンは邪見か

自己と無我に関連して、魂 (soul)、霊 (spirit)、霊魂 (ghost)、アートマン (ātman [梵語]) についてもここで触れておきたいと思います。自然科学的な心理学や、唯物主義者は、魂・霊・アートマンを当然認めていません。トランスパーソナル学や、霊性運動にかかわる人々の多くは、反対にこれらの言葉を好む人が多いでしょう。原始経典では、常住不変のアートマンは否定されていますので、魂とか霊も、上座部仏教では邪見 (ミッチャー・ディッティ miccā diṭṭhi) であるとされることがあるようです。変化しない真の自己の存在は

証明不能だからです。

一般に用いられる魂や霊という言葉は、インド思想における常住不変のアートマン（真我）とは必ずしも同じ意味ではなく、さまざまな意味で使われるので、もう少し慎重に考えるべきではないかと私は思います。たとえば、「魂に響いた」というときには「深く感動した」というほどの意味です。ここでの魂は、心の深い部分を表す言葉であり、見解というほどの体系だった意味はありません。このような意味での魂まで邪見だと決めつけてしまえば、形式的で不毛な言葉狩りではないかと思います。

問題なのは、輪廻の主体としての魂や霊、そして死後の生命としての魂や霊という使い方のときです。輪廻という現象は、輪廻する主体や実体があるのではなく、心の働きが因縁によって継続しているということだと考えられます。肉体が滅んだ後に「心の働きがカルマ的に相続されている」というのは、常識的な人間の頭では理解しにくいので、魂とか霊が輪廻していると表現されるのだと思われます。このような死後の心の働きという意味での魂や霊は、自己と同様に無常であり、無我です。この点を踏まえているならば、素朴に魂や霊という言葉を使うことは、邪見にはあたらないと私は思います。もしも、無常・苦・無我を理解した上での魂や霊という言葉も否定するならば、「自己」「我」「私」という一般的な言葉も否定しなければならないことになります。さらに、すべての言葉が指し示す事物は、どれも無常・苦・無我であり、厳密には実体のない空ですから、それにこだわってしまうと言語活動そのものが成り立たなくなってしまうのです。言語表現とは常に不完全です。しかしそれを使わざるを得ない世俗世界に私たちは生きているのです。

ただし、事情はやや込み入っています。「私」と言い続けることによって「私」は実体として有るという見解を助長するように、「魂」「霊魂」という言葉を使うとそれに実体があるという見解を抱きやすくなるので、やはり「魂」とか「霊魂」という言葉を使うことには注意深くあることが必要だと思います。

次に、死後の生命としての霊や魂という言葉は、一部の人に目撃されることがあるために世界中で使われている用語法でしょう。これは、抽象概念というよりは、経験に基づいた言葉であるのです。私自身も、第3章で少し紹介しましたように、シャーマニズムの体験があるので、肉体をもたない生命たちに何度も遭遇しています。それを表現するときには、「霊鳥に出会った」「精霊に笑われた」という言い方をすることがあります。ブッダの言葉に照らして理解すれば、私が目撃したのは、天界や餓鬼界の有情だと考えられます。物質的な肉体をもった有情は、原始仏教で名前がつけられている三一の世間のうち、人間界と畜生界にしか住んでいないので、そのほかの二九の世間に住まう有情たちは、微細な身体をもつか、心だけの存在者になります。多くの人間には認識されない世界ですが、一部の少数の人間には認識される世界です。このような物理的肉体をもたない有情を目撃したとき、それを霊と呼ぶことは、自然な慣習であり、ただちに邪見とはいえないと私は思います。それ以外に表現のしようがないからです。もちろん、肉体をもたない生命という意味の霊や魂も、その住処が悪処であれ、善処であれ、色界梵天であれ、無色界梵天であれ、いずれも無常・苦・無我という性質を備えていて、実体がないことには変わりがないのです。

以上のように、魂、霊という言葉は、素朴な経験的な意味において使われる限りにおいては、危険性を孕んではいますが、邪見とは決めつけられないと私は考えています。つまり、霊や魂は、あるのでもなく、ないのでもないのです。

ただし、それがインド哲学におけるアートマンのように、常住不変な真の自己などと理論化されたり、実体視された場合には、間違いなく邪見になるでしょう。あるいは、「魂（霊魂）は生死を繰り返し、永遠の命をもつ」という見解がありますが、解脱しないかぎりにおいては正しいと、原始仏教に照らすならばいえると思います。ただし、すべての魂が永遠であるというのは、解脱を認めないということですから、ダンマには反しているということになります。「人間が死んだ後に霊として彷徨っている」などという言い方もよくありますが、ブッダのダンマに照らせば、人が餓鬼界に転生したということになります。

このように、霊、霊魂、アートマンの問題は、言葉尻を捉えるのではなく、本質を理解することが大切だと思います。

(13) 異なった悟り

次に、トランスパーソナルと原始仏教における、悟りの理解が異なっていることに注目したいと思います。この相違は、第3章第8節でも少し触れましたが、実は決定的に重要なところであると思われますので、もう一度掘り下げて検証してみたいと思います。

トランスパーソナルの代表的思想家であったケン・ウィルバーは、悟りの定義を次のように述べています。「悟りとは、その段階まで進化した、すべての状態とすべての段階、および、その時点のすべての存在との一体化である」(『インテグラル・スピリチュアリティ』)。ウィルバーは、心理学などの学問的知見と古今東西の宗教的知見を合わせた信じ難いほど幅広い知識を統合し、人間が生まれてから悟りに至るまでの発達段階を壮大なスケールでモデル化しました。ウィルバーによれば、人間の発達とは、自立性の増大、自己愛の減少、内面化の増大であり、アイデンティティが分化・拡大していくことです。発達段階は階層状になっていて、高次な段階は低次な段階を含んで超えるという性質をもっています。こうして、究極の悟りの段階は、すべての発達段階の重なりを包み込み、内／外、個／集団、自分／他人などのあらゆる二元論を超えてつながり、すべての存在と一体化した状態です。非二元の世界への一体化は、単なる一時的な状態ではなく、構造的に達成される境地であり、それが悟りであるとしています。

ウィルバーの悟りの定義は、トランスパーソナル学や新霊性運動を代表しているといってもよい考え方です。しかも、もっとも幅広い知見に基づき、よく吟味され洗練された理論であるといえます。新霊性運動は一枚岩ではありませんが、おしなべてウィルバーのように大いなるものとの合一、ワンネスが最終ゴールと捉えられています。梵我一如（アートマン＝ブラフマン）が悟りであるというヴェーダの思想や、大乗仏教、タオイズム、諸々の神秘主義思想においても、これと同様の悟りの理解は数多く見出すことができます。

このように、ウィルバーはあらゆる段階・状態・存在との一体化が、人間の普遍的な悟りであると理論化したのですが、これはブッダの説いた悟り、すなわち解脱とは定義が異なっています。原始仏教のすべての目標は、煩悩の矢を引き抜いて、煩悩が顕在的にも潜在的にも完全に「吹き消された状態」である涅槃（nibbāna）に至ること、すなわち解脱することです。一時的に煩悩が消えた状態ではなく、煩悩が根こそぎ消えて二度と生起しない状態が悟りであり、苦しみを完全に乗り越えた阿羅漢の境地です。

第3章で述べたとおり、ブッダはさらに解脱に至る四段階を示し、自ら段階を確認できるよう「法の鏡」としてその基準を示されました。一〇の煩悩を完全に滅すれば阿羅漢果の証悟となり、ここに至ればもはや学ぶべきことはなく、自ら解脱したことをはっきり理解できると説かれています。

ブッダはこのような悟りの段階とその基準を明確に示しただけではなく、解脱に至る道筋として、八正道や四念処を含む三十七菩提分法や、さまざまな瞑想法を、具体的手順として明示しました。ブッダは、解脱するために必要な教えはすべて説かれ、秘密にされた教えはひとつもないとも明言しています。

あらゆるものとの一体化というトランスパーソナル心理学などが考えるスピリチュアルな悟りの状態は、原始仏教においては、初禅入定が自在にできるように習熟した時点で、すでに達成されているのではないかと考えられます。初禅に入定すれば、禅支としての一境性(ekaggatā)が現れ、対象との一体化が実現し、見るものと見られるものの分離が消えるからです。同時に、禅定に入るということは、一時的にでも煩悩から離れた状態の歓喜や楽を味わうことであり、心の成長においてきわめて重要な出来事であることは疑う余地がありません。しかし、このような喜や楽に満ちた一体化を経験しても、それだけでは正見を得ることにはならず、邪見をもつ可能性もなくなりません。そして、瞑想が終われば、再びさまざまな煩悩に悩まされることは変わらないのです。涅槃が非二元の世界である可能性はあり得ますが、非二元に至る道筋と、そこに定住する条件を示しているのは原始仏教だけではないかと思われます。

（14）三つの分野と悟り

心理学ではそもそも悟りということを考えません。科学的心理学では心理的症状の治療や適応の回復がおおよその守備範囲になります。脱フラットランド心理学諸派になると、対応する心の範囲が広くなり、無意識の意識化、自己実現や個性化、生と死の意味など、実存的な問題を援助することが可能になります。しかし、苦しみを根本的に終わらせるという問題意識が心理学にはないため、現状では揺るぎない安らぎに至る方法や援助は望めません。ダンマ・セラピーはそこに風穴を開けようとする試みだと思います。

一方、トランスパーソナルや霊的諸伝統では悟りが意識されているものもあります。これらのうちで、良質なものを学んで霊性の実践をすれば、サマーディを体験して、宇宙との一体感を体験し、それを悟りと考える人もいるでしょう。善行為を行い、その善果が熟して幸福になったり、あるいは死後に天界に転生するかもしれません。もしも禅定を修得すれば、原始仏教によると、梵天界に転生する可能性があります。

しかし、既に述べたように、原始仏教のダンマに照らせば、あらゆる存在との一体化という状態は解脱ではなく、煩悩が滅尽していなければ、苦しみから脱してはいません。その状態を悟りと勘違いすれば、さまざまな問題が生じるでしょう。トランスパーソナルなどの霊的な道は、善い行為の実践に結びつけば善果を得ますが、解脱に関する出世間の知識と方法論がないのです。それに対して原始仏教は、解脱を概念ではなく実現可能な目標として、具体的な方法論に則って修行する道です。目的が煩悩を滅した解脱にあるのか、非二元的な一体化にあるのか、ここが原始仏教と、トランスパーソナル心理学や霊的諸伝統との違いであると思います。

（15）トランスパーソナル、スピリチュアル、諸宗教の可能性と陥穽

原始仏教の際だった特徴が出世間の解脱への道の実践であることをよく理解すると、トランスパーソナル運動、その周辺のいわゆるスピリチュアルなもの、原始仏教以外の宗教や霊的諸伝統の多くが、しばしば次のような二つの志向をもっていることに気づかされます。

第一は、願望実現の志向です。愛着、期待、希望、夢をもち、それを実現することが目

標となるということです。願望の対象はさまざまで、快楽、金銭、モノ、評価、名声、若さ、容姿、健康などの獲得を目指したり、自己実現、超能力、神々・諸々霊・宇宙人との霊通、大いなるものとの一体感などもあります。スピリチュアリティや宗教の行動の多くは、このような世俗的で世間的な欲望が原動力になっています。

第二は、どうにもならない怒り・不安・恐れを、神・霊・教祖・神話・教義・儀式・呪術・占い・高次元のメッセージなどを信じ込むことによって解決しようとする志向です。さまざまな宗教的・スピリチュアルな実践によって、暗示による心理的効果や、あるいは神々の援助などによって、一定の効果が出る場合もあるでしょう。自分が安心したり、不安や恐れが解消されるような理論や物語や神話を作り出し、現実に過剰な意味づけをして、言葉を飾り、感情を盛り上げて陶酔し、信じ込もうと努めるのです。このようなことは、意識的に創り出す妄想であり、邪見（ミッチャー・ディッティ micchā diṭṭhi）への執着になるので、危険なのです。

この二つの志向は、宗教的およびスピリチュアルな人々においてしばしばみられますが、煩悩を基本としており、ブッダの教えとは逆方向であり、苦しみの根本解決には至りません。

スピリチュアリティや宗教に頼っていても、善行為によって功徳を積むならば、心に安らぎが増え、願望が成就して幸福を得たり、天界への転生などもありえるとおもいます。

ただし、世間における輪廻を超えることはなく、涅槃に至る道ではないのです。あくまでも世間法（lokiya dhamma）の範囲における成長なのです。

一方でブッダは、欲望や怒りを手放し、現実をあるがままに観察して理解を深め、ダンマを自ら確認し、根拠と理解に基づく澄みわたった信仰を育て、煩悩を抑制して離れることが、苦しみを脱する道であると説きます。欲望を満たす刹那的な幸福を追い求めるのではなく、妄想にしがみついて陶酔するのでもなく、出離、厭離、離欲、滅尽、放棄の喜びを味わう道なのです。容易な道ではありませんが、これが出世間法（lokuttara dhamma）であり、悟りへの道なのです。

ブッダの次の言葉がこの決定的な違いを言い表しています。

> 自己の身体を断滅することが『安楽』である、と諸々の聖者は見る。正しく見る人々のこの考えは、一切の世間の人々と正反対である。他の人々が『安楽』であると称するものを、諸々の聖者は『苦しみ』であると言う。他の人々が『苦しみ』であると称するものを、諸々の聖者は『安楽』であると知る。解し難き真理を見よ。無知なる人々はここに迷っている。
>
> ――KN, suttanipāta 761 – 762, 中村元訳

（16）二つの河を渡って

私は学生時代の頃から臨床心理学を学んで心理療法家となり、一方ではアカデミズムでは認知されているとは言い難いトランスパーソナル心理学に関心を持ってスピリチュアリティの研究を続けてきました。そして研究に飽き足らず、修行の実践をするなかで、原始仏教に出会いました。この三つの分野を隔てる二つの河を渡り、どれがどのくらい役立ち、どのような限界があるかを見てきたのです。それが本書の内容としてまとめられています。

二〇一六年一一月二七日に、私が勤める相模女子大学で、トランスパーソナルの二つの学会のはじめての合同大会を開きました。その合同大会のシンポジウムで、私はシンポジストとして登壇させていただき、パネル・ディスカッションの最後に、司会の先生から、トランスパーソナルの未来はどうなると思うかという問いかけをいただきました。私の口から咄嗟にでてきた言葉は次のようなものでした。「トランスパーソナルが宇宙の法則つまりダンマに沿っているなら、これからもこの運動は残るでしょう、沿っていなければ淘汰されると思います。私は、トランスパーソナルに愛はあるのですが、愛着はないのです」と。

これが私の正直な気持ちでした。科学的な正当派心理学だけでは視野が狭すぎますし、脱フラットランド心理学はどれも興味深いですが、悟りという究極の視点をもっていません。トランスパーソナル心理学は既存の心理学という枠を超え、悟りまで研究対象とした画期的な学問です。ですから、トランスパーソナルの活動はやはりあった方がよいと思っています。そうでなければ、心理学は悟りを扱えないのですから、表層的なものに留まってしまうと思うのです。

しかし、スピリチュアリティを主題とするトランスパーソナルといえども、ほとんどが世間的な内容に終始し、出世間的な視点がないのです。私は、これからもトランスパーソナルにかかわるご縁があるとすれば、トランスパーソナルに出世間的なダンマを導入すること、ダンマに沿ったものとそうでないものを峻別すること、可能なものはダンマと心理学の実践を連結すること（スピリット・センタード・セラピーやダンマ・セラピーなど）を行なっていこうと考えています。

これは、原始仏教という一宗派の信者になったということではありません。ダンマというのは、宗派のダンマではなく、仏教のダンマでもなく、ブッダがつくり出したものでもなく、宇宙万象を貫く普遍的な真理なのです。ですから、長期的に見るならば、ダンマに沿うものは栄え、沿わないものは消えていくのが道理なのではないかと思います。

（17）結語　心理学、スピリチュアリティ、原始仏教による心の救済

長きにわたり、心を主題とする、心理学、スピリチュアリティ、原始仏教を見渡し、比較してきました。比較した内容のポイントを次の表にまとめてみました。心理学もスピリチュアリティも、実に多様なものが含まれているので、細かな例外はいろいろあるのですが、おおよその傾向として理解していただければと思います。（表3、二五〇－二五一頁）

最後に、私は臨床心理学者であり、心理療法家ですが、それと同時に、あるいはそれ以前に、求法の修行者ですので、その立場から申し上げますと、原始仏教のダンマを背骨として、心理学やスピリチュアリティの有用な技術や知見を活用するならば、非常に有益なフルスペクトルのコラボレーションになると思っています。ダンマは、仏教徒だけのものではなく、普遍的な法則なので、あらゆる人々、あらゆる世界に通用するのです。

心理学、スピリチュアリティ、原始仏教の三つの分野に通じている人は少ないので、それぞれ馴染み深い分野の世界観のなかだけに留まってしまいがちです。しかし、心の成長と苦しみの解決のために、視野を拡大し、それぞれの強みを生かすような連携ができれば、

人々の幸福に寄与できるのではないかと思います。

人間関係の悩みや精神障害などの一般的な心の苦しみから、生存するものがみな避けがたく背負っている存在論的な苦しみ（仏教でいう行苦saṅkhāra dukkha）まで、私たちのあらゆる心の苦しみに対処するためには、世間的（lokiya）な知識や技術に加えて、出世間的（lokuttara）なダンマとそれに基づく修行法が欠かせません。そこで、ダンマを基軸として、止観行（サマタ瞑想とヴィパッサナー瞑想による修行）や、世間的（lokiya）な知識や技法として心理学やスピリチュアリティを道具としてあわせて活用することにより、心を根本から救うことができる知識と技法はすべて揃うのです。これが心理学、スピリチュアリティ、原始仏教の三分野を連結・統合したダンマ・セラピーなのです。ダンマ・セラピーとは、ダンマになにかを付け加えようとするものではなく、ダンマによって心理学やスピリチュアリティの知識や技法を再構成し、より的確な道具として有機的に使えるように生かすものなのです。三本の矢が揃うことによって、世間的から出世間的までのフルスペクトルな心の問題に対応可能となり、心の苦しみを根本から解決するための強力な方法になります。ただし、ダンマ・セラピーは、知識や技法が心を救うというものではなく、あるいは他者や神々が救ってくれるものでもなく、最終的にはそれぞれが自分自身の足で歩むことによってのみ達成される道を指し示すに過ぎません。

	スピリチュアリティ（諸宗教・霊的諸伝統を含む）	原始仏教
歴史	およそ60年 （諸宗教・霊的諸伝統は数千年）	およそ2500年 （勝義諦はブッダ誕生以前から存在）
方法論	各種トランスパーソナル心理療法 統合的技法 ソマティックス 各種修行法など	戒定慧・止観瞑想 三十七菩提分法 （八正道・四念処等）
アップデート（情報の更新）	時代や文化によって変化する	ダンマ（勝義諦）はアップデートしない 時代や文化と無関係な普遍法 （細部の運用は変化する）
悟り（究極の幸福）	非二元 （諸宗教は天国・浄土など多様）	涅槃 （煩悩の滅尽）
療法の種類	対症療法 （当該の問題に限れば根治療法・原因療法となる場合がある）	根治療法・原因療法
知識の範囲	世間法（lokiya dhamma）が中心	世間法（lokiya dhamma）および出世間法（lokuttara dhamma）
可能性	非二元論は悟りの理解を切り開く。個を超えた発達の可能性やスピリチュアル・エマージェンスを理解する知見がある。 スピリチュアルな現象を脱コンテクスト化して心理学的に理解できる。 多元的な価値観を統合できる。	教えと修行法が具体的で明確なため、正しい方法で真剣に修行に取り組めば、確実に心を清らかにして苦しみを減らすことができ、自らそれを確認できる。 究極の悟り（涅槃）に至る可能性があり、悟りの階梯も示されている。
限界	悟りの定義が多様で曖昧（神話的）。 偽りの霊性など落とし穴が多い。 邪見に執着すると非常に危険。 非二元へ至る方法やそこに留まる方法論が曖昧で未確立。	自力の道のため、ダンマへの理解力や修行の実践力などが求められる。 修行の完成は容易ではない。 日本では大乗仏教と混同されやすい。 日本では適切な指導を受けたり、修行できる場所がまだ少ない。

表3　心理学、スピリチュアリティ、原始仏教の比較

	(臨床)心理学	
	科学的	脱フラットランド
歴史	およそ120年	
方法論	認知行動主義に基づく各種心理療法(EBP)	精神分析・分析心理学・人間性心理学などに基づく各種心理療法(臨床の知)
アップデート(情報の更新)	7〜9年で約5割の知識が更新される(日進月歩とも未成熟ともいえる)	
悟り(究極の幸福)	対象外(問題意識がない)	
療法の種類	対症療法(当該の問題に限れば根治療法・原因療法となる場合がある)	
知識の範囲	世間法(lokiya dhamma)	
可能性	精神的な悩みや病に対する援助法が多数開発・研究されている。	精神的な悩みや病に対する多様な援助法に加えて、無意識の探究や自己実現や個性化への援助が可能。
限界	スピリチュアリティや悟りという視点がなく、限定的な範囲でしか心を扱えない。 究極の幸福への道がない。 深浅はあるがいずれも対症療法に留まる。 カテゴリー・エラーは心を矮小化し、傷つける危険性がある。	

主な文献

安藤治ほか「心理療法と霊性：その定義をめぐって」『トランスパーソナル心理学／精神医学』Vol. 2 No. 1, 2001, p. 1-9

石川勇一『修行の心理学：修験道、アマゾン・ネオ・シャーマニズム、そしてダンマへ』コスモス・ライブラリー、二〇一六

石川勇一『心理療法とスピリチュアリティ』勁草書房、二〇一一

石川勇一『新・臨床心理学事典：心の諸問題・治療と修養法・霊性』コスモス・ライブラリー、二〇一六

石川勇一『スピリット・センタード・セラピー：瞑想意識による援助と悟り』せせらぎ出版、二〇一四

石川勇一「トランスパーソナル運動の意義と課題：心理臨床とブッダ・ダンマの視点から」『トランスパーソナル心理学／精神医学』Vol. 17, No. 1, 2018, p. 1-17

石川勇一「二つの河を渡って：心理学、トランスパーソナル、初期仏教のあいだ」『サンガジャパンVol. 26　無我』サンガ、二〇一七、七二－一二二頁

井原裕『うつの8割に薬は無意味』朝日新聞出版、二〇一五

ウィルバー（松永太郎訳）『インテグラル・スピリチュアリティ』春秋社、二〇〇八

ウィルバー（松永太郎訳）『進化の構造』春秋社、一九九八

ウィルバー（吉福伸逸・菅靖彦訳）『意識のスペクトル』春秋社、一九八五

ウィルバー（吉福伸逸・プラブッダ・菅靖彦訳）『アートマンプロジェクト：精神発達のトランスパーソナル理論』春秋社、一九八六

片山一良訳『中部（マッジマニカーヤ）中部五十経篇Ⅰ（パーリ仏典 第1期3）』大蔵出版、一九九九

片山一良訳『長部（ディーガニカーヤ）大篇Ⅰ（パーリ仏典 第2期3）』大蔵出版、二〇〇四
片山一良訳『長部（ディーガニカーヤ）パーティカ篇Ⅰ（パーリ仏典 第2期5）』大蔵出版、二〇〇五
片山一良訳『長部（ディーガニカーヤ）パーティカ篇Ⅱ（パーリ仏典 第2期6）』大蔵出版、二〇〇六
河合隼雄、吉福伸逸編『宇宙意識への接近：伝統と科学の融和』春秋社、一九八六
グロフ、グロフ（安藤治・吉田豊訳）『魂の危機を超えて：自己発見と癒しの道』春秋社、一九九七
島薗進『精神世界のゆくえ：現代世界と新霊性運動』東京堂出版、一九九六
鈴木大拙『日本的霊性』岩波書店、一九七二
鈴木大拙、フロム、デマルティーノ（小堀宗柏・佐藤孝治・豊村左知・阿部正雄訳）『禅と精神分析』東京創元社、一九六〇
中村元監修、前田専學編『原始仏典Ⅱ 相応部経典第二巻』春秋社、二〇一二
中村元監修、前田専學編『原始仏典Ⅱ 相応部経典第三巻』春秋社、二〇一二
中村元監修、前田専學編『原始仏典Ⅱ 相応部経典第四巻』春秋社、二〇一三
中村元監修、森祖道・浪花宣明編『原始仏典第二巻 長部経典Ⅱ』春秋社、二〇〇三
中村元訳『ブッダの真理のことば 感興のことば』岩波書店、一九七八
中村元訳『ブッダのことば：スッタニパータ』岩波書店、一九八四
中村雄二郎『臨床の知とは何か』岩波書店、一九九二
バティスタ、スコットン、チネン編著（安藤治・是恒正達・池沢良郎訳）『テキストトランスパーソナル心理学・精神医学』日本評論社、一九九九
ヒーリー（田島治監修、谷垣暁美訳）『抗うつ薬の功罪：ＳＳＲＩ論争と訴訟』みすず書房、二〇〇五
ヒーリー（田島治監修、中里京子訳）『ファルマゲドン：背信の医薬』みすず書房、二〇一五

ピケティ（山形浩生・守岡桜・森本正史訳）『21世紀の資本』みすず書房、二〇一四
藤本晃『悟りの4つのステージ：預流果、一来果、不還果、阿羅漢果』サンガ、二〇一五
藤本晃『初期仏教経典 現代語訳と解説：餓鬼事経：死者たちの物語』サンガ、二〇一六
文化庁編『宗教年鑑：平成二十九年度版』文化庁、二〇一七
三浦清宏『近代スピリチュアリズムの歴史：心霊研究から超心理学へ』講談社、二〇〇八
ミラー、ハブル、ダンカン（曽我昌祺監訳）『心理療法・その基礎なるもの：混迷から抜け出すための有効要因』金剛出版、二〇〇〇
薬害オンブズパースン会議（代表鈴木利廣）「抗うつ薬ＳＳＲＩに関する要望書」二〇〇八（http://www.yakugai.gr.jp/topics/file/080707ssriyooboushoteiseiban.pdf）
ユング著、ヤッフェ編（河合隼雄・藤縄昭・出井淑子訳）『ユング自伝』みすず書房、一九七二
ロビンス、ロッキーマウンテン研究所（山藤泰訳）『新しい火の創造』ダイヤモンド社、二〇一二
ワッツ（滝野功訳）『心理療法東と西：道の遊び』誠信書房、一九八五
Neimeyer, G.J., Taylor, J.M., Rozensky, R.H., and Cox, D.R. "The diminishing durability of knowledge in professional psychology: A second look at specializations" *Professional Psychology: Research and Practice*, 2014, 45, pp. 92–98.
Stewart J.A, Deliyannides D.A, Hellerstein D.J, McGrath P.J, and Stewart J.W., "Can people with nonsevere major depression benefit from antidepressant medication?" *Journal of Clinical Psychiatry*, 2012, Apr, 73(4):518–25.

略語

DN　Dīga Nikāya（長部経典）

KN　Khuddaka Nikāya（小部経典）

MN　Majjhima Nikāya（中部経典）

SN　Samyutta Nikāya（相応部経典）

本書は、「トランスパーソナル運動の意義と課題：心理臨床とブッダ・ダンマの視点から」（『トランスパーソナル心理学/精神医学』Vol. 17, No. 1, 2018, p. 1–17）と「二つの河を渡って：心理学、トランスパーソナル、初期仏教のあいだ」（『サンガジャパンVol. 26　無我』サンガ、二〇一七、七二－一二二頁）の二つの文章をもとにして、大幅に内容を換骨奪胎・加筆・修正し書き下ろされた、『心を救うことはできるのか：心理学・スピリチュアル・原始仏教からの探求』（二〇一九年二月、サンガ刊）の新装版による再刊です。再刊にあたり一部加筆しています。

石川勇一　いしかわ・ゆういち

一九七一年、神奈川県相模原市生まれ。現在、山梨県山中湖村在住。行者（修験道、初期仏教）。臨床心理士、公認心理師、相模女子大学人間社会学部人間心理学科教授。日本トランスパーソナル心理学／精神医学会会長（二〇一五〜二〇二一年）。早稲田大学人間科学部卒、早稲田大学大学院人間科学研究科卒。心理療法、瞑想、ダンマを統合した独自のダンマ・セラピーを実践・研究。病院心理カウンセラー（精神科、心療内科）、大学学生相談員等を経て、現在、法喜楽庵（心理相談室）・法喜楽堂（瞑想修行道場）代表（http://houkiraku.com/）。心理療法を二五年以上、瞑想会・リトリートを一五年以上実践。修験道（熊野）、アマゾン・ネオ・シャーマニズム（ブラジル）、上座部仏教短期出家（ミャンマー、タイ）等の修行を経て、初期仏教に基づく独自の修行・研究・臨床実践を行う。

主な著書に『修行の心理学：修験道、アマゾン・ネオ・シャーマニズム、そしてダンマへ』（コスモス・ライブラリー）、『新・臨床心理学事典：心の諸問題・治療と修養法・霊性』（コスモス・ライブラリー）、『スピリット・センタード・セラピー』（せせらぎ出版）、『心理療法とスピリチュアリティ』（勁草書房）、『ブッダの瞑想修行：ミャンマーとタイでブッダ直系の出家修行をした心理学者の心の軌跡』（サンガ新社）など。

法喜楽庵主催のカウンセリング・瞑想会・リトリート（瞑想集中合宿）等の情報は法喜楽庵ウェブページ（http://houkiraku.com/）を参照。

心を救うことはできるのか［新装版］

心理学・スピリチュアリティ・原始仏教からの探求

二〇二三年一〇月一五日　第一刷発行

著者　石川勇一

発行者　佐藤由樹
発行所　株式会社サンガ新社
〒九八〇―〇〇一二　宮城県仙台市青葉区錦町二丁目四番一六号八階
電話　〇五〇―三七一七―一五二三
ホームページ　https://samgha-shinsha.jp/

印刷・製本　創栄図書印刷株式会社

ISBN978-4-910770-54-3